高质量读研：

如何高效学习，成为科研"六边形战士"

■ 张军平　著

人民邮电出版社

北京

图书在版编目（CIP）数据

高质量读研. 2, 如何高效学习, 成为科研"六边形
战士" / 张军平著. -- 北京 : 人民邮电出版社, 2025.

ISBN 978-7-115-66043-5

Ⅰ. G643.246

中国国家版本馆 CIP 数据核字第 20259MD283 号

◆ 著　　　　张军平
　　责任编辑　宁　茜
　　责任印制　马振武
◆ 人民邮电出版社出版发行　　北京市丰台区成寿寺路 11 号
　　邮编　100164　　电子邮件　315@ptpress.com.cn
　　网址　https://www.ptpress.com.cn
　　固安县铭成印刷有限公司印刷
◆ 开本：720×960　1/16
　　印张：10.5　　　　　　　　2025 年 6 月第 1 版
　　字数：106 千字　　　　　　2025 年 9 月河北第 2 次印刷

定价：59.80 元

读者服务热线：**(010)53913866**　印装质量热线：**(010)81055316**
反盗版热线：**(010)81055315**

内容提要

本书作为《高质量读研：教你如何写论文、做科研》的进阶版本，对《高质量读研：教你如何写论文、做科研》未涉及的内容进行了补充，全书包含三部分内容，分别为"科研进阶""论文写作与报告进阶"，以及"创新进阶"。共40篇，旨在帮助研究生全方位提升能力。

第一部分"科研进阶"从科研的主动性出发，作者重点介绍了余量学习法、节点控制、善用大模型辅助科研等内容；第二部分"论文写作与报告进阶"，介绍了如何避免低效的论文写作、规范参考文献的小技巧等大家普遍关注的问题，还对6种延期进行了剖析，指导研究生如何按时毕业；第三部分"创新进阶"，讲解了4种科研模式、关于"高"引用和"低"引用的影响力误区、避免自己陷入科研的"楚门的世界"，以及科研伦理、科研风险、安全规范等问题。

全书借助名人轶事、个人经验体会、生活化的真实事例，尽可能像小说、散文、随笔一样和读者娓娓道来，生动有趣，给在读研究生（含硕士研究生、博士研究生）以及想了解研究生学习（尤其是理工科）的家长和同学们，带来了一本全新的"读研秘籍"。

序言一

聪明的兔子

　　指导年轻人如何高质量攻下读研这一关，本来是一个非常严肃的课题，本书作者却能写得妙趣横生，挥洒自如，体现了一种独特的科普风格——聊天风格。特别是在阐述许多知识要点时，作者能把自己"摆进去"，通过日常生活的例子与读者"聊家常"。这些实例包括作者怎么通过不断求教学会下厨做菜（其辛苦程度简直比肩读研），怎么通过改换环境提高游泳速度（明智地从波涛滚滚的湘江转换到可以专心琢磨技术的游泳池），怎么以循序渐进的方式坚持练习学会了弹奏吉他（强调了学习要刻苦认真、遇到困难要坚韧不拔），怎么在一大群龟和兔参加的马拉松比赛中用"余量学习法"胜出（作者谦虚地说自己也是慢慢爬出来的。但据我看，作者的角色实际上是一只聪明的兔子。它不在半途睡觉，但不会忘了在太累的时候歇一歇腿，调整一下自己），怎么在心中维持好一个"钟"，以便在生活中控制好重要的时间节点（作者以此提示要把握好攻研的时间节点，这对学生和导师一样重要）。这些聊天形式的谈心其实分别提示了学生做科研的要领。说轻松一点是"诀窍"，说严格一点则是研究生应知的常识。

尽管本书对研究生攻读学位的方方面面做了详尽的指点，但是最关键的点还是只有两个，一是怎样学习，二是怎样做研究。这是每一位研究生要面对的两大问题。作者对于其中的每一点都使用了很精彩的关键词。言简意赅，十分能说明问题。下面我们就从第一个关键点开始，探讨一下学习最常规的形式：读书（或读文献）。这是一个很有趣也很有意义的问题。本科生读书一般是为了更好地理解老师讲课的内容；研究生则是为了了解学科的发展现状，并从中获得研究启示，因此受到作者的特别关注。

对于如何读好一篇论文，作者非常形象化地告诫研究生们要"把论文读薄"。这是很有道理的。一篇论文少则十几页，多则可以到几十页。别说不能把整篇装进脑子，就是装进了，如果消化不了，那也没有用。何况要读的论文可不止一两篇。"读薄"就是要取其精华，吸收其核心思想，或挖掘其关键技巧，才能为自己所用。然而很巧的是，数学大师华罗庚先生说过一句看上去似乎相反的话，他鼓励学生"要把书读厚"。道理也很明显。给你一本数学书或一篇大论文，你很认真地阅读，似乎都看明白了，但实际上可能并没有真懂，或没有完全懂。这个时候就需要反复推敲，从中产生自己个人的体会，可能是对书中内容的深入理解，也可能是在书中内容启发下形成自己的新想法。把这些都记下来并用于研究工作，就是把书读厚了。历史上最著名的"把书读厚"可能是法国数学家费马了。他在将近 400 年前阅读丢番图的《算术》一书时，曾在书的页边写下被后世称为费马大定理的判断：
"关于此，我确信已发现了一种美妙的证法，可惜这里空白的地方太小，写不下。"
这段附注从华先生的定义来看，就是一种"读厚"的体现。实际上本书作者也提到
了"读厚"，书中说："我平时学习也会如此，会把突然想到的点子、问题赶紧记下
来"。"读厚"与"读薄"并不矛盾，而且把"读厚"和"读薄"结合起来，可以促
成"厚积薄发"，开辟新的局面。

顺便说一件有关读书的轶事。陈景润先生在学术上的刻苦努力是众所周知的。
为了深入理解华先生的研究思路，他曾把华先生的数论专著分解开来，每天带几页
在身上，无论走到哪里，只要有空闲，就拿出来反复阅读。这就是把华先生的书
"读破"了。不过这个"破"，不能简单看成是书本在物理上的"破"，而是杜甫诗
句"读书破万卷，下笔如有神"中的"破"。虽然一般人难以做到"破万卷"，但至
少可以学习这种精神吧。

我在这里还要介绍陆启铿先生的读书法。他生前是华先生的大弟子。从小因患
小儿麻痹症而双腿残疾，只能靠双拐走路。但他意志坚强，潜心数学，成绩斐然。
年轻时就被华先生看中，把他调到中国科学院数学与系统科学研究院来。1980年他
被评为中国科学院学部委员（1993年，国务院决定将"中国科学院学部委员"改
称为"中国科学院院士"）。他曾经介绍经验说："我一般读书不会把书读完，因为
一边读，一边就在思考书中的结论和方法是否有道理，是否能够改进。所以往往
是书没有读完，我就开始写自己的论文了。"启铿先生的经验可以归结为把书"读

活"了。读书，不仅可以获取知识，还可以获取灵感。这个经验也可以供今天的学子们参考。

说过学习和读书，下面该说说科研和创新了。本书作者在这里也有一个精彩的关键词，叫"从0到1"，用于描述科研中的创新行为，并且还分了4个类型。其中进一步把这个"0"区分为"国内国外都没有"以及"国外有而国内没有"。

针对本书作者所称的"国内国外都没有"，特别是理论创新方面，有人也做了分类。熊庆来先生是我国老一代的著名数学家。熊老从法国回来执教清华大学数学系的时候，注意到华先生的才干，曾经聘请华先生到清华工作，同时也为华先生提供了进一步深造的机会，被华先生尊称为老师。熊老对如何做数学研究有更深刻的评论。他认为有三类数学研究成果都是数学史上的传世精品。第一类是解决了数学难题，例如怀尔斯证明了费马大定理。第二类是开创了新的数学研究领域，例如伽罗华创立了群论，并用它证明了一般的五次及以上的代数方程没有封闭解。第三类研究则是在一个已经接近尘封的传统数学学科上做出出人意料的精彩工作，使老学科恢复青春，被熊老称为"化腐朽为神奇"。这里的"腐朽"并不是指这个学科坏了，而是该学科由于长期没有产生重要成果，缺少了对研究者的吸引力。熊老当时所说的"神奇"具体指的是杨乐和张广厚在整函数和亚纯函数方面的杰出贡献。其中非常著名的成果被称为"杨张定理"，证明了亚纯函数的亏值数量和奇异方向的数量之间存在着一个明确的对应关系，得到了国际数学界的充分肯定。

不过熊老说的这三类传世精品，其标准还是很高的，任何人只要在其中一项上获得成功，则立即就成为学界名人。我们当然不能对研究生，包括博士生，都提这样的要求。那么在"轻量级"熊老标准的意义下，我们该如何要求研究生，特别是博士生呢？

就计算机科学领域而言，相对于熊老的第一类精品，其轻量级标准可以是在算法上的：对原先没有算法的某个重要问题提出有效算法，或对某个高复杂度算法提出能够显著降低其复杂度的新算法。相对于熊老的第二类精品，其轻量级标准可以是把已有的信息处理理论或技术推广到一个全新的应用领域并取得出色成果。至于创造熊老的第三类精品，可能有点难度。

读者不要以为熊老说的情形仅在数学上有，在人工智能历史上，也有曾经"风光一时"而后又"好景不长"的例子。我们可以考察一下人工智能的方法论。如果随历史前溯到20世纪50年代，那是人工智能诞生的年代。当时一直存在符号推理和数值计算这两种主要方法，分别通过人工智能逻辑和人工神经网络两种技术体现。经过约70年的沧海桑田，前者发展为基于知识的方法，后者则发展为基于数据的方法。在人工智能历史上，人工智能逻辑在早期稍占优势，而麦卡洛克（W. McCulloch）和皮茨（W. Pitts）在1943年开创的人工神经网络理论则数十年来起起伏伏、历经沧桑，直到深度网络和深度学习问世才真正扬眉吐气。虽然不能说前者已经或趋于"腐朽"，但其昔日的红火已然不再，远不及后者的强势登台。如果现在有一项工作能够重新体现基于知识的方法的生命力，至少在某类应用上优于基于数据的方法，则也能算是一定程度上的"化腐朽为神奇"了。

本书作者连出两本有关"高质量读研"的书，其中对年轻学子的关怀和指导跃然纸上，令人钦佩。相信那些正在或即将读研的读者们能够结合自己的情况，选择其中适合个人的忠告从善如流，甚至在实践中得出新的经验和体会，这样本书就超值了。

陆汝钤

2024年11月15日

序言二

　　当今，有很多本科毕业生选择读研，也有很多硕士生选择继续深造。"读研"是一个听起来笼统的、简单划一的词，也像一个让人一下子看不清里面发生什么的"黑盒子"。读研之前，学生往往对"读研"了解甚少，或者对"读研"有着道听途说的误解。他们要么怀着忐忑不安的心情，进入一所陌生或者熟悉的学校、研究所深造，要么带着一种自豪感、带着微笑、意气风发地走在校园里，却全然不知读研存在着诸多风险，也没有发不出论文、毕不了业的切身感受。

　　在读研的过程中，学生也会面临两个极端。一个极端是没有时间紧迫感，学生一心忙着参加各类社团活动、外出实习、考雅思、考证；另一个极端是心理压力过大，担心实验结果不好、论文发不出，十分焦虑。读研时间是如此之短，在短短的三到五年内要做出科研成果、发表论文、写出学位论文，难度相当大。因此，研究生势必要调整好心态，既不能"躺平""摆烂"，也不能过于焦虑甚至发生心理问题。

在指导研究生的过程中，导师也会面临很多无奈。首先，导师有责任指导研究生做科研，但往往没有时间事无巨细地给学生讲解论文查重、送盲审之类的细节，更无暇做学生的"人生导师"，给学生讲解为人处世的道理。其次，现在的学生有主见，自我意识强，有些和导师存在着明显的"代沟"。以至于导师的话常常没人听。比如，导师规定课题组寒假、暑假只能休息多少时间，但学生不愿意遵守，也不把自己几号回家、几号返校之类的信息告诉导师。再比如，学生在递交学位论文的截止日期前几天才把学位论文发给导师，请导师修改，以至于导师没有充足的时间修改……

回过头想想，读研是一个"看似简单其实复杂，看似复杂但也可以简单"的过程，读研的成败关键在于研究生有没有好的科研基础、有没有掌握方法、用什么样的态度读研、付出了怎样的努力。当然，导师的精力投入也是相当重要的。在研究生的科研基础以及导师的精力投入已经固定、无法改变的情况下，研究生的科研方法、科研态度和时间投入尤为重要。但问题是，很多时候，研究生做的是"无用功"（如做一些缺乏创新性的研究），也会有很多不必要的"精神内耗"。

读研会遇到那么多的问题，课题组导师自顾不暇，于是，时代呼唤"公共导师"站出来，以"过来人"的身份给研究生们或者准研究生们讲解读研的那些事。但有资质的、有意愿提供"干货"的"公共导师"很少。网上有些不明来历的人，以短视频的形式讲解读研的"秘籍"，但充其量只是提供了一些无法确定对错的支离破碎的信息。除了不同学科的研究方法有差异，在网上讨论读研的"捷径"，总会让人怀疑他们所谓的"捷径"是否靠谱；而在网上煽动关于读研的焦虑情绪，则会让人怀疑他们是不是为自己的学习班或其他服务打广告。我特别希望有知名高校的研究生导师能够"站"出来，作为"公共导师"提供系统化的读研指导，并以书籍为载体把这些经验之谈广泛流传。然而，现实中导师写这类并非教材的通俗书籍非常不容易，很少有导师有时间、有能力把这样的书写出来。

复旦大学计算机科学技术学院张军平教授在写作《高质量读研：教你如何写论文、做科研》之后，继续努力，推出了这本"续集"或者说"升级版"图书。这本书分为"科研进阶""论文写作与报告进阶""创新进阶"三个部分，涵盖科研的主动性、科研方法、学位论文撰写、答辩、延期毕业、科研模式、论文引用、出国求学等诸多话题，具有系统性和实用性。本书结构明晰、思路清晰，张老师还特别善于以日常叙事的形式从一个个生活中的例子中引出读研技巧或者经验，这符合青年学生的阅读习惯。而且，张老师不是像写教材那样一板一眼地讲授如何撰写英文科技论文，而是提供具有洞察力的、一手的生动见解，这种见解不但对研究生读者有参考借鉴的价值，对于导师以及其他的关心研究生教育的人也有学习价值。

还有一类有价值的内容被称为"归类"，即分析"有哪几种情况"。比如，张老师把"毕业论文重复度高"分为5类：整段重复、拼接重复、高度类似、写的语句源自某篇文献而没有进行引用、参考文献上的重复。毕业论文答辩环节的问题分为4类：主次不明、逻辑混乱、PPT制作水平欠佳、时间控制不好。我印象特别深刻的是，张老师把延期毕业的原因归纳为6种：时间节点没卡好、大论文达不到毕业要求、杂事多、项目冲突、主动延期、志向远大型延期。可见，张老师把一些情况说得很细。研究生读了这些分类之后，在会心一笑之余，可以自己对照着检查，看看自己的问题属于哪一类。

需要说明的是，本书并非机械地介绍如何修改英文句子等"术"，而是包含了"熏陶"的成分，这既能够提升读者的科学素养，也能够展示作者的科学人文精神。比如，第三部分"创新进阶"提到用论文的引用次数表征论文好坏的误区。张老师列举了"以引用次数论英雄"的几个谬误，也提供了认识问题的几个维度或者说几个因素，提供了理性辨析、思考问题的方法。研究生原本无须知道这些，也可以开展他们的科研活动，进而完成毕业论文。但显然，知道这些，能使自己有更好的科学素养，能帮助自己成为学术界的"好公民"。再比如，研究生原本无须知道授课对于导师的意义，也可以做好自己的科研，但张老师"偏要"告诉读者导师授课的那些事，这有助于研究生理解导师投入教学的意义并对自己将来进高校任教也有一定的帮助，即加强了对职业发展理解的"通透感"。

一些研究生有时还会有些自以为是，乃至刚愎自用。张老师在"楚门的世界：假作真时真亦假"章节写道："实际上，每个人生活在这个世界上，或多或少都处在一个《楚门的世界》中所展示的地方，因为每个人的视野有限，只可能看到自己能看到的部分，无法了解全貌，也就容易不自觉地夸大自己在很多工作、生活中的能力。"张老师分析了研究生面临"楚门的世界"的种种表现，实际上给研究生读者敲了警钟。世界并不会因为有些研究生"自我感觉良好"而纵容他们。在今后的职场、今后的科研界，甚至在论文送盲审、答辩的时候，"自我感觉良好"的研究生都可能得到或多或少的教训。无论如何，当研究生从本书中看到了警示，想起自己曾经遇到类似的问题，或者今后自己遇到类似的问题，就会有更深刻的理解。

总的来说，研究生除了学习一些关于读研的"术"和"道"，还需要从别人那儿（无论是通过看书、看短视频，还是通过与同学交流、与导师讨论）了解到自己做一件事情有多大的难度、需要花多少时间，进而思考自己的定位和策略。在了解信息的基础上形成正确判断，这很重要。往往，有些研究生会道听途说，被一些半真半假的信息误导。比如，有些研究生因为听说别的课题组有研究生"只花了一星期就写出了学位论文"，就不及时写学位论文，导致预留的时间不够。而张老师的这本书，既不夸大写学位论文的难度，也不弱化其难度，而是用专业的态度，把撰写学位论文方方面面的要点和注意事项和盘托出。我觉得这是这本书的核心"干货"，有助于研究生用专业、真诚的态度对待自己的学位论文。

最后，我要借此机会，向张军平教授致敬。我在科学网博客发表了几百篇博文，但真正要写书的时候，发现写书真的很困难。特别是从事院系行政管理工作后，每天都有各种各样的事情"飞"过来，使得自己往往一个月才有一天时间写书，甚至书稿"半成品"在计算机里躺了几个月都没有更新。张老师在繁忙的工作之余，能够把自己读研、指导研究生、做科研的经历和经验和盘托出，这非常不容易。这本不同于严肃学术专著的书，是一本关于读研的启蒙书，值得有兴趣的读者研读和珍藏。

马臻

复旦大学环境科学与工程系教授

2024年11月19日于上海

目录
C O N T E N T S

第二部分　论文写作与报告进阶　38

第一部分

科研进阶

刚读研的学生有时会手足无措，不知从何下手；而有过科研经历的学生，又可能希望进一步提升读研期间的科研水平。那么，如何让自己的科研能力得到有效提升呢？我在这一部分里，总结了我在指导研究生时积累的一些经验。

1. 科研的主动性：从下厨做菜说起

老婆出差，半个月后才能回来。走之前，她留给了我一个厨房和一堆菜。为了能让娃在家期间不会因为吃饭问题影响心情，平时很少下厨的我，也不得不展示一下厨艺。

还好，我是做科研的。有了新任务，我一般不会发怵，只需按科研的基本思路来进行就行了。有了厨房，就有了实验室；有了食材，就有了研究的方向；有了柴米油盐酱醋，就有了"模型"精细调参的可能。

我需要做的，无非是寻找现有的研究成果并探索潜在的创新方向。

第一天，老婆微信说有个牛肋排得先处理掉，因为它之前被解冻过。我之前没接触过这个方向，为避免失败，我主动在微信上向她询问了之前成功的"研究"步骤，按她的建议复现了整个做菜的环节。她也很满意，把我主动问询这件事，发了朋友圈，表达了她的欣慰。

▶ **图1.1-1　烤好的牛肋排**

不过，事无巨细地找"烹饪导师"可不行。老婆还得工作，最近一天到晚忙得没时间打电话。所以，我只能主动研究，独立探索。

基于现有的食材，寻找现有研究成果最快捷的方式就是上网查资料。感谢互联网，从网上能搜到的菜谱花样举不胜举。通过每天几乎不重样的菜式探索，我不仅极大程度地保证了小朋友好的胃口，还有利于缓解这段时间不能出门可能引起的焦躁情绪。这有点像科技论文的泛读，让自己的知识储备形成一定的广度，才有利于在读研究生初期更容易实现组合式创新。

当然，搜索菜谱的过程也是避免成为井底之蛙的必要环节。因为你很快就会发现，想做出一个新的菜式真不是那么容易。比如你看到家里有两种菜似乎能搭配在一起，到网上搜这两种菜的组合，八九不离十能找到别人做过且分享了的经验。

原因不难被猜到，毕竟是简单的组合，世界上人这么多，能做得出一手好菜的人自然不少，你那么简单就能想到的点子，凭什么别人就想不到呢？所以，善用搜索工具，还能让我们在创新过程中少走重复路。

但要把菜做好，光说不练也不行。烹饪毕竟是实验科学，得在厨房亲自实践才行。而要把一道菜做得很精细，色香味俱全，基本功也是要有的。如果连菜都切不好，如何保证被炒的如肉片、胡萝卜片等食材受热均匀、口味一致呢？

还有些基础常识也需要掌握。比如，制作尖椒土豆丝时，要保证它的口感爽脆，一个小窍门是在将土豆切成丝后，用清水浸泡片刻，尽可能去掉土豆丝表面的淀粉，然后捞出土豆丝沥干，再下锅炒时，就能获得口感较脆的土豆丝。否则，就会变成土豆泥的口感。

再有就是配色问题。即使一道菜味道再好，但没有在颜色上进行合理搭配，往往很难激起食客动筷的欲望。这颇像写论文，有些学生只看重创新成果，却严重忽视了论文写作的技巧，经常因逻辑差、故事性差、语言表达不过关等诸多问题导致论文被拒，做的研究成果"推销"不出去。

▶ **图1.1-2　左：胡萝卜炒香肠；右：尖椒土豆丝**

　　幸好我早在2007年和2014年两次出国访学期间了解了上述原理，也多次练习过厨艺。因此，在老婆出差期间，我才不至于像新手一般，面对一整个厨房的食材也不知从何下手。但是，长期疏于练习，手法必然生疏，真想做出好菜，还得多下厨房。

　　另外，还得善用厨房里的食材。虽然有些时候，导师买来的食材，导师自己也不见得研究过怎么做。但既然买了，一定有买它的原因，也一定有买它的价值。比如，我就在厨房里发现了一整盒没开封的松饼粉，看了一下保质期，似乎快过期了。我赶紧把这个"文献"阅读了一下，发现也不难上手：加一个鸡蛋、90毫升牛奶、些许蜂蜜，搅拌均匀后倒入带涂层的平底锅里，一会儿工夫，3个金黄色、松软可口的中式松饼就出锅了。

　　不知不觉，在老婆出差期间，我已经做了30多种不同的菜式了，小朋友也吃得津津有味。闲暇之时，我就在想：导师的作用究竟是什么呢？尤其是当导师不在的时候，作为"研究生"的我应该怎么做呢?

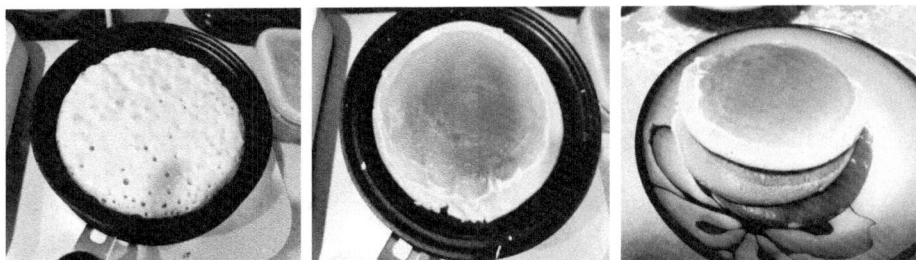

▶ **图1.1-3** 自制松饼

▶ **图1.1-4** 由左到右，由上至下：大蒜叶炒鱿鱼、歌乐山辣子鸡、芹菜炒香干、
土豆炖牛腩、酸豆角肉泥、剁椒蒸鲳鱼

我想导师的作用，主要是提供了平台——一个通过多年积累打造出来的平台。这里不仅有软硬件基础和研究方向的大框架，还有科研思想在其上的沉淀。学生要做的，上上策是"看会"它——不问也能自行把科研做好。中策是"问会"

它——问问导师、问问师兄师姐，熟悉后便能独立科研。中下策是"被手把手教会"——在导师指导下确定方向、设计实验、修改论文，学会后就能依葫芦画瓢，继续推进自己的研究。下下策是"不听不学"——在被指导后依然我行我素，该犯的、不该犯的错误全犯。这四者的区别之一在于学生主动性的占比。

另外，除了向导师学习，还可以向实验室里的"强者"学习。跟导师学习，一般能学到中规中矩的科研方法，出成果八九不离十。但向科研里的"强者"学习，往往能领略到一些不同的科研技巧。这些技巧可能体现在很多方面，每个"强者"掌握的情况不同。例如，有些"强者"可能在时间管理上做得非常好，在做科研的时候，注意力极其集中；有些可能对问题的解决能力强，善于利用网络和搜索引擎，快速了解本领域或相应研究方向的发展脉络、研究热点及不足；有些则善于组织，能很好地利用团队的优势，来取长补短，实现攻坚。比如，数学好但编程不好的学生，可以通过与编程好的同学合作，来取得更好的科研成果，反之亦然。有些学生还知道哪里有值得学习的暑期学习课程、讲座报告，跟着他们的脚步一起去学习，不会吃亏。再者，实验室的同学一般是同龄人，没有明显的年龄代沟，彼此的经验能够无缝交流。而且在没有导师的微信群里，同学间分享的科研方法会更加令人记忆深刻，得到回复的速度更快，回复的内容也更加丰富。

有人说，天赋好的学生，导师给个"板凳"就行了，后面的研究他能自己搞定，其实主动性强的学生也一样。导师能得其一，都相对容易赚个"高徒出名师"的美名。

那么，为什么主动性或者自我驱动很重要呢？

2. 自驱：强化学习的示教

在实验室每周三定期举办的讨论班上，我的研究生小张同学介绍了他的研究方向——强化学习方面的最新进展，也分享了他在实验上的一些心得。

强化学习能根据环境的变化通过奖励来实施相应的行动。谷歌公司在AlphaGo（阿尔法围棋）中采用了强化学习，并帮助AlphaGo赢得与围棋世界冠军李世石的围棋比赛。强化学习也因此而声名鹊起。

小张同学在做一辆小车通过山谷再越过山丘的仿真实验时，发现强化学习的效果与初始时的随机种子或初始状态设置密切相关。初始状态设置不好的话，十次有七八次会不成功。大多数情况下小车在到达山谷后，都宁愿停在山谷，而不愿尝试越过山丘。

他分析后认为，强化学习的奖励函数设置得不好，是因为只有那些越过山丘的种子才能得到奖励，而其他一直在尝试但没有成功的种子有可能长期得不到奖励。如果能适当地加大点奖励，那些徘徊在山谷里的种子也有可能走出低谷，找到通往山丘的正确路径。

另外，他觉得，如果能把那些成功越过山丘的种子的路径进行示教，即示范教学，也有可能让那些"躺平"在山谷里的种子学到先进经验，从而走出低谷。

无独有偶，自从2023年年初，OpenAI公司开发的聊天生成式预训练转换模型

ChatGPT火了后，也有人用GPT来生成强化学习代码，训练游戏《格斗之王》的主角来打怪兽。不幸的是，就像小张同学训练的小车老躲在山谷一样，一开始主角竟直接躲到最容易挨打的墙脚，自然很快就被大Boss（游戏中的核心反派）打败了。但如果加些人类玩家示教的成功打法，让强化学习程序进行学习，再通过多次练习，主角的反应就慢慢好转了，最终战胜了大Boss。其中的机理与小车开始不肯越过山谷但增加奖励后能成功，似乎是相似的。

通过分析这两例人工智能的应用，我们不难发现强化学习是否见效与对奖励和成功的设定有关。类比着来看，研究生在学习的过程中有着与强化学习类似的特点。

虽然每个研究生的初始条件或情况是不同的，但他们都希望最终能找到成功的途径或捷径。那么，研究生们是否可以通过获得连续的奖励，来收获成功呢？

如果奖励是无穷大的，我估计人人都可以通过这种方式成功。我通过"上上下下左右左右BABA"，在我那个年代爱玩的《魂斗罗》游戏中无数次体验过这种成功。虽然每次都面对不同的困难，但总能毫不费力地转危为安，最终胜利通关。

然而，现实社会中，奖励的总量是有限的，"子弹"是有限的，什么都是有限的。如果把有限的奖励平均分给每个"种子"，再平均到每一次小的尝试上，最有可能的结果是奖励的量可能达不到多数"种子"期望的阈值。

如果把这种奖励用到机器臂的抓取动作上，比如抓苹果然后放至某个盘子里，它有可能得到抓苹果的奖励后，就没有动力再把苹果放盘子里了，而是会一直在抓完苹果后就放掉，以准备再从抓苹果的动作中得到下一个小的、眼前可得的奖励。

这就像《格斗之王》游戏中，被强化学习训练后躲在角落里的主角。

所以，在奖励有限的情况下，可能更合理的策略不是均分，而是给那些更有可能成功的种子更多奖励，正如"马太效应"所揭示的那样。

那么，是否可以给出成功者的示教，帮助其他种子实现成功呢？

这让我想起两件事。一是最近我和学生们合作的会议投稿。虽然最后基本都成稿投出了，但我也遗憾地发现，我之前就写进《高质量读研：教你如何写论文、做科研》书里的、关于写论文时存在的各种低级错误，学生们在写论文时，几乎都重复犯了。是不是这些书本上写好的示教经验没用呢？其实并不是！只是学生更偏好把容易出错的地方都亲自走一遍，有一手经验后，才不容易继续犯错。

我还曾经看过一位网红博主介绍其如何把短视频的粉丝做到千万级的经验。我印象最深的，不是他的经验。而是他介绍完的最后那句话。他说："我为什么愿意分享经验呢？因为我知道你们听了也不会去做。如果你按我说的做了，大概率会成功。"问题是，听的人多，但真正愿意付诸行动的，实在是少之又少。

事实上，真正成功的种子，是不需要奖励的，都是自驱的，这可能是强化学习面临的一个困境，因为种子自始至终都在算计应该如何做，才能获得最大的回报。对于研究生，何尝不是如此呢？如果过多地去考虑得失，很有可能会陷入短视的低谷，等醒悟过来时，有限的读研时间已经流逝了一大半。

而如果一个学生的人生目标在读研前就比较明确了，他就会主动出击，按高标准来严格要求自己，而不是只达到学校的最低标准就止步不前。

3. 科研需要的品质：单纯

既然过于算计无助于科研，那么科研需要什么样的品质呢？我觉得，一是旺盛的好奇心，二是能够坚持的心性，最后还需要一点点的单纯。

为什么呢？因为单纯能让人不太容易被外界所干扰。人是社会性动物，所以，往往会面临各种矛盾。比如对研究生来说，科研本是其硕士3年或博士4年中最需要做的，也是真正要做的事。但研究生又面临各种压力，比如就业、经济压力等，这些也是要解决的正事。那么，研究生们必须在真正要做的事和要做的正事之间取一个平衡。可惜结果往往会偏向后者而非前者。如此一来，科研需要的心无旁骛，也就是单纯地做科研的心，或多或少就会有所缺失。

不只学生如此，老师也是如此。我们在确定科研方向时，往往会受大的研究导向影响，比如国家级和地级市的重大项目，毕竟经费在那。可是，作为个体的研究人员来说，我们是否应该都朝一个有利于拿到经费的目标来确定研究方向呢？或者换句话说，是否必须拿到一个大型或超大型项目，才能说是科研成功呢？

科研上需要的单纯，是在选择研究兴趣或方向时一种源自内心而非外界、原动力上的单纯。

单纯会让你不那么急功近利。尤其是在这个比较"卷"的时代，科研一样很"卷"。前几天，课题组进行年终总结。原计划每人10分钟的总结报告，前几位博士每人都讲了20分钟，可见工作内容不少，导致后面学生连呼太"卷"了。虽然内容很多，但如果仔细看看，汇报的内容基本上都是人工智能最火的深度学习框架

▶ 图1.3-1　科研需要的单纯

下的各种变体。当然，我相信不光我们组是这个情况，放眼全球，估计做人工智能方向的都差不多。出了个新模型，大家都会争相跟进。几十年前，机器学习的核方法刚出来时，何其耀眼。然而，没多久，大家就审美疲劳，看到相关的文章就直接拒了。而2017年在人工智能领域，谷歌8位作者提出的Transformer（转换）模型，同样有类似的情况。据说某高端会议在审稿期间，已经拒了很多在这个性能还不错的Transformer模型上做了改进工作的论文，这也是审美疲劳的结果。但更深层的原因，还是浮在对模型的浅层改进上，而没有去啃"硬骨头"。不过值得指出的是，最近引起人工智能轰动的GPT-4或GPT-4 Turbo，甚至2024年新推出的文本生成视频的世界模拟器Sora，从源头来看，其思路也是源自Transformer模型的底层逻辑。

然而，对学生来说，沿着这条极热门的方向跟进，出不了好成果的风险也高，毕竟全世界的研究人员都在关注这个模型的改进和创新。同时，该模型目前的更新版如GPT-4对硬件的要求已经不是学校级的研究团体可以承受的。所以，在选择研究方向时，最好不要从特别"卷"的方向出发；也不宜什么方向容易出好的结果，容易出短、平、快的结果，容易出对择业有帮助的结果，就选择做什么。如果能单纯点，想想科研中真正难的问题在哪，真正有意义、值得做的问题在哪，也许更有利于形成原创性高的成果。

当然，单纯对老师和学生，在科研上面的意义还有很多。比如，在人际关系和社会活动上的单纯也至关重要。因为人的精力和时间是有限的，精力分散后要专注于科研往往很难，除非自己在学习技巧、策略上都有一些独到之处。

4. 视觉优先：多角度助研

关于独到之处，我分享一个小的经验，也就是视觉优先学习法。

1976年，心理学家哈利·麦格克（Harry McGurk）发现了一个关于视觉和听觉之间的有趣现象：如果发象声词的同时，辅之以另一发音的嘴形，比如用"Ga"的嘴形，发"Ba"的音，观察者会误认为发声者的声音为"Da"。这一现象被称为麦格克效应。其背后的道理是，人类习惯于使用视觉来进行判断，即使需要判断的实际对象是语音而非唇形。而误判的原因可能是因为光速远快于声速，视觉中枢会优先给出答案，哪怕其不一定是对的，但也会导致人们先入为主。所以，有的时候，近视的人取下眼镜后，会感觉听力也跟着下降了。事实上，视觉在人的信息处理中占主要地位。有研究表明，人类接受的外信息中约有83%是通过视觉获取的。

因此，如果多利用视觉来辅助科研和学习，而不是纯粹依赖于听觉或大脑的抽象记忆，是有可能提高学习效率和学习效果的。

这里我介绍3种能有效利用视觉的学习方式。

第1种，记笔记。比如在读论文的过程中，可以对重要的内容进行抄写。我平时学习也会如此，会把突然想到的点子或问题赶紧记下来。因为这样比只在脑子里想更清晰，可以直接激活视觉中枢，也不容易忘记。在信息碎片化越发严重的时代，不做任何标记的事很容易被彻底忘记。记下来的方式中比较传统且经典的是用纸质本，比如在讨论班的时候。它的好处主要是便宜，出去开会总会发一个，坏处是一不小心就收集一堆，很难用完。更为方便的方式是使用手机上的记事本，毕竟手机是随身携带的。记得有一次在回上海的高铁上，我就在手机记事本上用两小时写了篇2800字的科普短文。当然，手机屏幕毕竟太小，如果有余钱，可以考虑买个平板电脑或类似的电子笔记本来记笔记。

第2种，画颜色。现在电子媒介很发达，论文基本可通过电子刊物的形式来阅读。但论文页数过多时，往往让人不容易记住重点。时间一久，重新阅读时，有可能以为是一篇没看过的论文。当然，更有可能是下载后放在某个文件夹里就再没打开看过。

所以，有好的文献最好及时看看。而能加强记忆的方式是让论文有不同的颜色记忆点。如果是PDF文件，可以直接在电脑上进行针对性画线。而线的颜色，可以按自己约定的重要性原则来区分，比如特别重要的用红色，稍次的用蓝色，诸如此类。如果是纸质论文，不妨买几种不同颜色的荧光笔在阅读过程中进行区分标注。

第3种，理逻辑。把在文献中读到的、想到的若干关键点写在纸上或者平板电脑上，通过线条连接相关的内容、箭头表明从属关系、圆圈将同类的内容包含在一起等策略将内在逻辑视觉化，方便从视觉上获得一种整体认知。比如，在看综述性的论文时，就可以通过这种方式，将文章读薄，梳理其中的规律。更重要的是，有的时候它能帮助我们更有效地发现值得突破的研究切入点。

▶ **图1.4-1**　不同的颜色标记示例

另外，画思维导图也是不错的梳理逻辑方式，但不要过于沉溺于画图的漂亮程度而忽略了实际需要攻关的内容。

实际上，上面3种技巧，都需要动手操作。而动手的过程也不知不觉强化了对视觉信息的记忆。这可能也算是具身智能通过手、眼多模态综合感知来提升学习能力的一种体现。当然，不仅要学会常用多模态，也得学会巧用，才能更省力。

5. 集中与省力：自由泳与科研的自由探索

我喜欢游泳，小时候在湘江游，初高中时特别喜欢横渡湘江，后来意识到还是在游泳池里更为安全。因为在游泳池里不用像在大江里那样要观察四周，尤其是船只的来往（但被人踢的次数只增不减）。在游泳池里我也能更专注于提升游泳的速度，也是直到换到泳池中我才发现以前习惯的蛙泳比自由泳要慢不少。在自学其中的门道后，我终于在2014年把2千米的游泳时间缩短到了39分钟。虽然这个速度对专业泳者来说不值一提，但对于业余爱好者如我来说，已经足够。而从自由泳的练习中，我也体会到了它与科学研究以及自由探索之间的相似关系。

自由泳从名字来看，似乎可以自由地想怎么游就怎么游，对采用何种姿势没有限制，但实际上自由泳是竞技项目，在游的过程中，一点也不自由。

从19世纪初，澳大利亚人R.卡维尔采用两腿交替打水开始，自由泳的泳姿一直在演变中，最终稳定在爬泳上，因为这种姿势阻力小、速度快，也最省力。

为了达到这个效果，在游自由泳的时候，每分每秒都要思考的是，如何在最省力的前提下，尽可能快地到达目的地。

▶ **图1.5-1** 自由泳

第一，它需要在使力方向上有个凝聚点。所以，多数情况下，它的游法有点像冲击钻的钻头，将全部的力量汇聚在钻头上，从而钻出孔来，然后再通过身体的左右来回摆动，将力量汇聚在向前行进的方向上。

第二，它需要身体尽可能保持平直，而不要做多余的、浪费体能的抖动，比如在与前进垂直的方向上，突然把身体弯一下就属于多余的抖动。这些没有驱动身体向前的抖动，既会阻碍速度的提升，又会白白浪费身体的能量。

第三，呼吸。抬头的呼吸也不是在游的过程中特意停顿一下，露头吸口气，而是在游泳的过程中，侧头并保持眼睛能看到肩膀位置，嘴巴一半在水中、一半在空气中时就进行呼吸。乍一看吸进来的好像是水，实际上空气的来源是游泳时向前形成的楔形空间（船舷波），即多出的向下凹陷区域。这种呼吸方式，既能保证空气的充分吸入，又不会破坏自己游泳的姿态，避免力量的分散。

第四，抱水要有力。这完全是物理学中杠杆原理的体现，力臂再乘上用的力，就是力矩。所以，手长的游泳队员有着明显的先天优势。但还是有很多小的细节要注意，比如伸向前的手臂在何处入水，在什么角度时向后抱水，在什么角度时可以离开水面再向前伸，手与肩膀之间的角度如何控制。这些都是将杠杆原理运用到自由泳时需要反复锻炼的技巧性动作。

第五，节奏。打腿的节奏与划水的次数需要配合好。呼吸也是，是单侧吸，还是左右吸，或是两个划水吸一次，都看个人对节奏的适应情况。

第六，引导。两侧的水线，红色表示已经接近池边。抬头看到的旗子表示只有5米距离。水底的黑线到头时会有T字形，你可以考虑蹬壁转身。如果这些线索被忽视，自然不会形成好的路线规划。

除了这些技巧，有一个好的身体素质才是保证所有以上技巧能执行到位的前提，而竞技比赛时，心理素质好才能保持节奏，对动作的控制才能有条不紊。

其实，科研也是如此，虽然说允许自由探索，但如果没有聚焦方向、力量过于分散、冗余动作过多，该使力时不使力，不该使力的时候乱使力，不保持稳定的科研节奏，不按规范的科研路线去探索，那样的话，即使先天条件再好，也很难有效形成好的科研突破。

6. 连续攻关与小目标：从弹吉他说起

很多学生想一口吃成胖子，但做科研时往往很少有这种捷径。刚开始做科研的时候，必然什么也不懂。就好比弹吉他，初上手时，可能手指不灵活、和弦节奏都匹配不上。有些和弦比如大横按都按不下去、跨度大的手指完全张开也无法同时按下，而那些指法手型奇特、需要用到不常用的小拇指力量的技巧，更是难以掌握，手速也跟不上节奏。但弹久了，节奏慢慢稳定了，能弹复杂的和弦、漂亮的滑音、泛音了。再往后，拿到谱看两遍，就能快速弹出全曲。还可以不按已有的谱子，即兴发挥，让吉他弹奏变得随心所欲。

如果用吉他弹奏的过程来比照科研的过程，成功的原因是类似的：坚持下来，将原来困难的东西，通过循序渐进的方式，慢慢变成肌肉记忆，再遇到困难的谱子或研究方向，也能迎刃而解。

那么，这种连续攻关的技巧在本科教育与研究生教育中有何不同呢？很多学生可能以为二者的过渡是自然的，无非在研究生期

▶ **图1.6-1　吉他弹唱**

间多学点知识。实际上，本科教育和研究生教育在解决问题的方式上有着本质区别。

对多数本科学生来说，本科的教育与初高中教育是类似的，基本以成绩为导向，以绩点分优劣。这可能会造成不好的学习倾向。有些学生为了追求高的绩点，会刻

意选择上一些容易拿高分的课程，而不是以兴趣为导向选择对自己未来发展方向有利的课程。

而本科强调成绩的学习模式其实又和研究生的学习模式不太一样。因为本科教育的成绩评分基本建立在考试和考查两种形式之上，其中需要考试的科目往往占多数。考试成绩的好坏取决于学生在有限的时长内能否准确把题目解答出来。老师在出题时，显然不会出那种对大多数学生来说超出考试时长还无法做出来的题目。而学生在解题的策略上，通常也会尽可能把用时短的题目先完成，保证基础分。再把时间花在需要相对长时间思考的问题上。但从考题难易程度的分配，以及时长来平衡，每道题的用时一般不会超过30分钟，每次考试的时长也不会超过3小时。

其结果是，一些适应考试的学生，或本科阶段考分高的学生，一到研究生阶段有可能就适应不了了。因为本科及以前的学习模式，很少碰到科研这种需要远超过30分钟思考的题目，也很少培养学生长时间连续攻关的能力。

而科研需要面对的难题往往是本科期间很少遇到的，很多时候一个问题的解决，是通过一个学期甚至整个研究生生涯的思考才有可能想到一些勉强能用的方案。这样的时长常常超过了本科生思考并解决问题的时长。尤其是那些习惯了要在短时间就解决掉问题的学生，他们更容易早早放弃对难题的攻关。

对本科生来说，解决这个矛盾的办法之一，是提前进实验室，或者参加学校支持的一些科创项目。比如复旦有莙政学者、望道学者等针对本科生的科研项目，其他学校我相信也有。这些项目都会有相关的导师，为学生提供指导。学生通过对某个小问题的持续攻关，就能逐渐把长时思考的能力培养起来，从而完成本科生到研究生的顺利过渡。进实验室的目的也是如此，学生可以了解师兄师姐以及整个实验室在研究方向选择和完成的曲折经历，顺便学习如何长程思考。

当然，长程思考、持续攻关并不能一口吃成胖子。以2023年流行起来的人工智能聊天生成式预训练转换模型ChatGPT为例。其最初的雏形，是2017年6月推出的转换模型Transformer。通过多头注意力机制，该模型完成了句子内部长程关系的联想。2018年10月，才有完成了句与句之间联想的双向学习表示模型Bert的出现，在此基础上，通过累积大语料库，以及构建更为完善的句与句之间的思维链结构，才有了2022年11月出现的ChatGPT。而到2023年11月，才有了更为完整的GPT-4 Turbo版。大模型的发展从2017年的转换模型算起，也用了近6年时间。如果从深度学习的铺垫算起，时间则更长。

所以，做研究就是如此，得学会将大的科研问题分解。研究生在明确科研方向后，宜先完成其中相对容易的小目标，在此基础上再将小目标之间的关联性完成，最后再实现整体目标。通过这样的持续攻关，便能日积月累，产生大的创新成果。

7. 余量学习法：龟兔赛跑

龟兔赛跑是大家小时候经常听的寓言故事。乌龟、兔子一起比赛，同时起跑，兔子跑一段路后，发现乌龟没赶上，便中途睡了一觉。而乌龟则一直在努力爬。等兔子醒来时，发现乌龟已经快到终点了，再追已经来不及了。结果，乌龟赢得了最终的胜利。

那么，在研究生阶段，龟兔赛跑的情况有可能出现吗？

多年来，报考研究生的人数整体逐年上升，2023年为474万人，虽然2024年为438万人，2025年为388万人，有小幅下降，但从总的趋势来看，"考研热"仍然会持续一段时间。目前，不少学校的研究生入学人数已经超过同期的本科生人数。那么，研究生们在入学时学习潜力是一样的吗？

▶ 图1.7-1 龟兔赛跑

每个人的基础是不同的。就好比考试，学生即使成绩相同，但努力的程度可能不同。有些同学的高分是投入了大量的学习时间，反复刷题获得；有些同学的高分则是通过选择性做题得到的，这类同学在必要的学习时间以外还有精力维持自己的业余爱好。区别是后者的学习潜力或余量要大于前者。

而学习潜力往往会随着学习难度加大逐渐变小。比如小学随便玩成绩也可以名列前茅，到初中会发现成绩不那么突出了。初中成绩优异的学霸，到高中成绩不那么突出了，甚至有可能落到后面。高中成绩好的，到大学就看不到影子了。但还有一些学生，能够一直保持稳定的上升状态，身心也没有那么疲惫。如果再仔细观察，还会发现这些学生通常在学习之余，还有相对广泛的兴趣爱好。

从某种意义来说，这些学生始终没有透支自己的脑力和体力，在用余量学习法进行学习。虽然与其竞争的人群变得越来越强，但其余量并没有被压榨干净。同时，其对不同学习环境的适应能力也很强。

所以，到研究生阶段后，还有余量学习的学生通常会具有较大的优势，有更高的概率取得好的科研成果。

但是，需要注意的是，研究生阶段的学习模式和本科及以前的阶段有本质上的区别。它不仅需要学生有强的余量学习能力，还需要有相对长的学习耐力。因为没有什么科研问题，是能在短时间内就找到解决方案的。

如果学生余量学习能力偏弱，但具有较强的学习耐力，在研究生阶段也能取得好成果。如果学生余量学习能力强，但过分相信自己学习速度快、效率高，总是挑一些软柿子捏或投入的绝对科研时间偏少，就不一定能取得多大的成果。这大概就是研究生阶段的龟兔赛跑。

虽然我相信每个研究生都懂得这些道理。但龟兔赛跑的情况，我还是见到了不少。包括我自己，可能也算是慢慢"爬"出来的。究其原因，无非是在人工智能方向上坚持了20年。而旁观我见过的学生，有些本来是兔子的却掉队了，原因要么是一开始托大了，只想攻克不现实的大难题，要么是一开始被学霸光环笼罩，太自负了；有些本来是乌龟的却最终领先了，原因则和我一样，坚持不懈。

当然，研究生在人生这条漫漫长路上，只占短短三年左右的时间，博士可能稍长一些，但总体来说，都是一个小的阶段。如果学生能在研究生阶段，将余量学习和耐力学习两者都掌握好，在面临新环境新挑战时，还在持续学习，那么，即使研究生阶段不是特别出彩，后面仍有大把的机会。而本应是"兔子"的学生，如能吸取教训，后面一样可以跑得飞快。但要是放弃学习，那就很可能会被社会淘汰。

8. 缩小包围圈：正则化与科研

说起科研的独到之处，人工智能里也有一些方法值得借鉴。

在人工智能相关领域，不少待研究的问题是"病态"的。比如说图像超分辨率（Image Super-resolution），用于将一张低分辨率的小尺寸图片通过算法放大，使其在转成高分辨率的大尺寸图像时不失真、细节能够恢复，也不会出现马赛克效应。然而，从低分辨率的图像恢复成原本高分辨率的图像，是"一对多"的病态问题，因为一般会假设这张低分辨图像是由高分辨图像退化而成。而退化的情形有很多种，比如删一行一列，或4个像素只取其一，这都可以让图像的长和宽各缩减到原来的一半。而要继续缩减则可通过删两行两列来完成，诸如此类。因此，可能存在多张不同的高分辨率图像都能缩小后变成同一张低分辨率图的情况。但如果想反向推演，从低分辨率图像推测高分辨率图像的情况，则显然没有唯一解，即所谓病态问题。

解决病态问题的办法，是增加约束项或限定项，让其在限定环境下获得最优解。否则，漫无目的地搜索，一则浪费时间，二则不一定能找得到最合适的解。对图像超分辨率来说，可以增加图像中连通的目标域内像素与像素的灰度值差异不需太大这样的约束条件，或者要求低分辨图像与高分辨还原的图像之间，图像的相似度要尽可能一致。

这种处理一般叫作加正则项，可以理解成病态问题良态化的办法之一。

实际上人在统计意义上长寿时，也会引入正则项。比如心情愉快、适当锻炼、饮食平衡，这都可以看成实现长寿的不同约束条件。

▶ **图1.8-1　图像超分辨率的过程，就像用一副眼镜将模糊的景物变清晰一样**

类似地，做科研也是如此。如果盲目乱搜，自然不容易找到合适的研究方向，也很难成功，只有把网收缩才容易捕到鱼。

但学生做研究，可能普遍存在不善于缩小包围圈的问题。

实际上，对研究生来说。第一，选择研究方向不能漫无目的，否则会白白浪费读研的时间。从实验室已有的方向中去选择是相对保险的做法。因为已有的基础，能保证在实验数据、算法比较等方面有一系列成熟的做法，不至于心里没底。第二，应寻找热点方向，因为这里往往有大量相关的文献可以阅读，也可能会有相应的源代码可以用来练手，作为研究生介入科研的起点还是不错的选择。

另外，在选择方向后，也不能漫无目的地去寻找创新点。最简单有效的限定方式，是跟踪一篇影响力高的论文的引用情况。通过引用该论文的论文，来了解目前在此方向上到底有了哪些进展，哪些问题已经被解决了。再进一步，通过分析这些问题解决的难易程度，分析这些问题解决的重要性，甚至分析解决问题的作者来自哪个院校，综合判断后再决定自己应该选择哪个切入点。也可以跟踪国际"大牛"研究小组的论文。毕竟能成为"大牛"，论文质量是有保障的，代码复现也会是高概率的，因此跟踪相关论文不容易被带偏。

只有这样，才能快速做到有的放矢。需要指出的是，这是从统计意义来看相对比较稳妥的策略。如果学生能力强，又追求高的创新性，也不妨另辟蹊径。

9. 简化问题：奥卡姆剃刀原理

在人工智能的历史中，流传着一句名言："如无必要，勿增实体。"这是14世纪的逻辑学家、生于英国奥卡姆的修道士威廉提出的观点，常被称为奥卡姆剃刀，类似"大道至简"的意思。

做科研也是如此，往往重大的科学结论都是通俗易懂的。比如在物理学中，爱因斯坦建立的狭义相对论就简单明了。只要给出相对性和光速不变性两条假设，我们就能推出时间与位置的交织。而再进一步，又能发现极为简洁的质能方程 $E=mc^2$。它简单明了地表述了能量与质量的关系，同时导致了德布罗意波和波动力学的诞生。这就是物理学上重要的"大道至简"。

但如果在研究的过程中，发现结论过于复杂，那很有可能就是错的。这就像初中生或高中生在做某道数学题一样，如果推出的结果复杂得离谱，甚至莫名其妙地出现了不能整除、需要保留小数点后过多位数的数字，则很有可能是在推导过程中出现了笔误或推导过程本身有误，才使得结果过于复杂。而如果计算的结果干净漂亮，且正推反推（从原因到结论、从结论到原因）均成立，则很显然自己的计算是对的。

简至道大

▶ 图1.9-1　科研里的原则：大道至简

在科研中，也应学会将问题简化，这是一项基本能力。比如做数据相关的实验，可以先考虑使用相对干净的数据，这样就不会因为数据有噪，而导致实验一开始就没有理想的结果；比如想从方法上创新，不如先尝试一些已经经过实证确实有好性能的方法，再在此基础上进行改进。这样，改进后的性能至少不会低于原来的性能。否则，有可能一开始的结果就不靠谱，后面再想改进就会变得很烦琐。而看文献应优先从高质量的期刊或会议中选择相关论文。上述这些例子都是在将问题简化。

除了简化以外，还应该注意不要把手头的科研问题复杂化。比如，把一块豆腐分成两块，用一把直的刀就能简单分好，硬要找一把九曲十八弯的刀来分，显然就困难得多。这个追求简化求解的方式，在人工智能领域被称为"转导学习"，是统计机器学习鼻祖万普尼克提出的。转导学习还有一层深义，即如果问题本身是很复杂的（比如宇宙就很复杂），但实际要处理的只是其中一个局部问题（比如我们生存的星球），那么没有必要直接处理复杂的原问题，只要用简单策略解决局部问题即可。

直观来说，就是应在限定条件下，采用简化问题的策略。

当然，也需要注意，细节决定成败，尤其对于应用来说。如果没有对得到的"简化"进行进一步的细节升级，依然会导致研究的失败或不完美。对学生来说，不注意细节有可能导致本来凭借创新点能发一篇高质量的论文，结果却只能发在一般档次的期刊和会议上，那显然是有遗憾的。

10. 节点控制：心里有杆秤

记得有一年我的一位长辈来湘潭，第二天回家。父母让我去送一下他，可是我早上睡过头，错过了。后来他跟我父母说，如果我心里有这个事，肯定是不会忘记送他的，也不会睡过头。

这件事让我意识到，做正事一定要记得在心里放个计时器。

虽然上面讲了不少方法来帮助提升科研的成功率，但科研是有风险的，往往无法精确预测何时何地会产生重大科研成果。不过，在研究生的科研生涯中，节点却是很清楚的。这里的节点，是指硕士3年、博士4年期间，在每个阶段，研究生应该完成的工作和工作量。

比方说，研一学生应该完成课程的选修，将该修的学分修完，以便把剩余的时间全部投入科研；通过研一在实验室的讨论班学习，研二上学期能进入相关课题的研究，并取得初步的科研成果；通过了解每个会议的投稿时间节点，开始尝试撰写论文并投稿。如果论文被接收了，则有了阶段性成果；如果被拒，也能听取意见继续改进。研二下学期可以考虑进一步扩展相关的科研成果，比如将会议论文扩充30%内容再投期刊；研三上学期针对自己的研究方向，继续形成连续性成果；研三下学期开始准备完善和提交毕业论文，准备最后的答辩。与硕士生不同的是，博士生还需要注意形成科研方向的连贯性和相关性，尽量针对某一个科学问题从多个

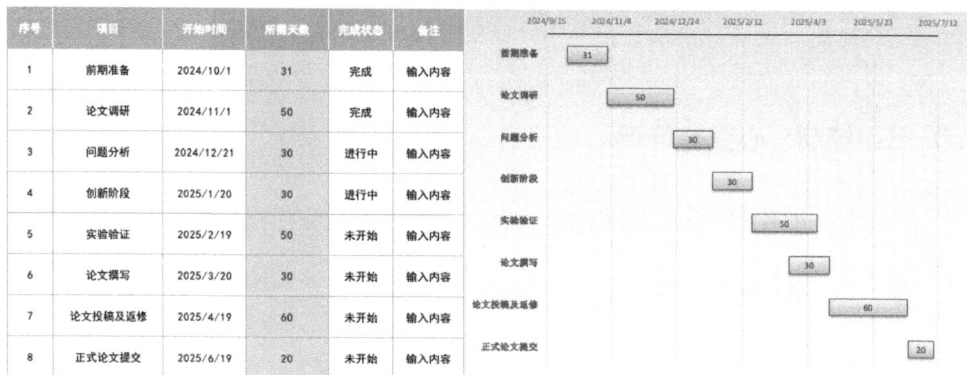

序号	项目	开始时间	所需天数	完成状态	备注
1	前期准备	2024/10/1	31	完成	输入内容
2	论文调研	2024/11/1	50	完成	输入内容
3	问题分析	2024/12/21	30	进行中	输入内容
4	创新阶段	2025/1/20	30	进行中	输入内容
5	实验验证	2025/2/19	50	未开始	输入内容
6	论文撰写	2025/3/20	30	未开始	输入内容
7	论文投稿及返修	2025/4/19	60	未开始	输入内容
8	正式论文提交	2025/6/19	20	未开始	输入内容

▶ **图1.10-1　科研时间节点进度表示例**

角度展开研究，以确保博士毕业论文成体系。

以计算机领域为例，有不少高端会议的投稿截止日期需要关注。比如投计算机视觉领域的会议，可以按11月的计算机视觉与模式识别会议（CVPR）的时间节点，倒推自己开始科研的时间，然后在截止时间前完成论文的写作和完善实验，并准备投稿。如果被拒了，再转投来年3月的计算机视觉国际大会（ICCV），如果再被拒，则可以考虑转投国际期刊。这是一段连续的论文投稿的时间节点。

而导师的工作之一，便是按时间节点提醒学生，以确保学生能按期顺利毕业。学生如果能按相应的节点，心中有计划地展开科研，且能够把提前量打好，自然能做到顺利完成读研期间的各个节点应达到的目标。

事实上，只要学生在节点控制上做得好（比如在博二就有已发表的高质量论文），那意味着该学生已经掌握了科研的技巧，可以独立工作。导师也就不必一而再、再而三地提醒学生，最多在前几次还不清楚学生能力的时候提醒一下。

对于没有按节点来控制进度的学生，导师不得不反复叮嘱。此时，往往不会只是一个节点出问题，更有可能是后面的节点出现连续卡壳。原因在于，前一个的拖延会影响后一个节点的进度，继续往后的累积效应会越发明显。而它造成的负面影响，可能不只让学生痛苦，导师对此也很头痛，因为科研流水线会因此被打断。

当然，学生并不能一直保证按节点完成相关工作，毕竟科研的变数很大。但学生心里如果有杆关乎节点的秤，就会优先考虑科研，也能因此顺利毕业。

11. 人工智能：善用ChatGPT、DeepSeek等大模型辅助科研

2023年以来，聊天生成式预训练转换模型（ChatGPT、DeepSeek等）及生成式预训练模型系列在人工智能领域形成突破性进展，通过图像、语音和文本等多模态结合，在各种考试、程序设计诸多方面都表现出了优异的性能。随着GPT的出现，大语言模型如雨后春笋般涌现。

而这些大模型在角逐各种应用问题性能的同时，也让我们看到其辅助研究生做科学研究的可能性。这里仅举一些例子，相信未来其赋能科研的潜力会越来越大。

■ 论文写作美化

GPT的一个强项是联想能力，尤其是词与词、句与句、段落与段落的关系。尽管这些关系是基于大数据、利用大模型计算、按概率高低排序后选择的结果，但从统计意义来看，它能很好地反映语言间的逻辑关系。因此，它可以帮助学生整理论文的语言表达，尤其是撰写英文论文时。如果用大模型做一次整理，可能会让论文的表述更为地道，甚至有可能看不出作者在使用非母语写作。比如图1.11-1中所示，

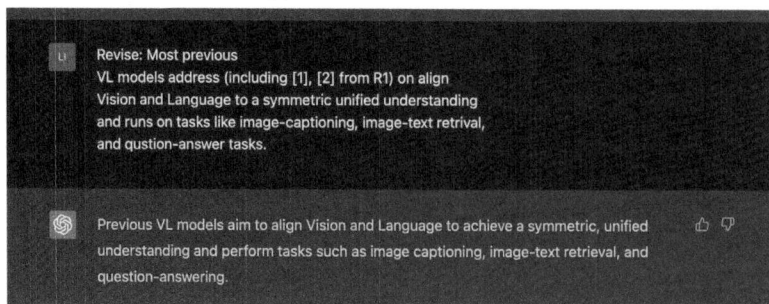

▶ 图1.11-1　ChatGPT论文修改示例

先输入一段明显没有逻辑关系的语句，ChatGPT就能整理出一段非常符合科技论文表达方式的语言。这对于国人投稿国外的期刊或会议是有好处的，因为英文表达不好的论文容易被拒稿。这对导师也有好处，因为它能让导师从修改学生论文低级错误的痛苦中解放出来，更关注论文的核心内容。

■ 科研方向搜索

除此以外，它也能帮助研究生搜索适当的文献。尤其是拟研究的方向有大量学科交叉内容时，研究生往往很难兼顾，也不可能对不同学科都具备相当深厚的研究基础，仅靠个人能力很难准确、快捷地找到自己需要的论文，尤其是非本专业方向的论文。而大模型拥有的跨领域记忆和搜索能力，能更快捷地找到相关领域的经典论文和近期论文，因而能更有效地帮助学生明确科研方向。但需要注意的是，因为多数大模型不具备对最近更新的数据进行搜索的能力，所以研究生保持对最新研究进展的跟踪仍然是必要的。另外，对于大模型搜索到的内容，需要进行仔细甄别，因为其中部分文献很可能是大模型无中生有的，此时就非常考验学生的经验与科研常识。如果不加以甄别地全盘接受，被读者发现论文的参考文献中有一篇或多篇"假"论文，那就不只是贻笑大方了。

■ 论文总结

大模型有能力对一篇文章进行归纳总结。如果希望加速对论文的理解，可以考虑利用大模型的总结功能。例如，提交一篇论文给大模型后，可以让大模型从论文中寻找关键词（Keywords），帮助分析论文的主要观点（Main Viewpoint）或主题

（Main Theme），指出论文的新颖见解（Insight），阐述论文的主要研究策略和方法（Primary Research Strategy or Method），归纳论文的主要贡献（Contribution），发现论文提出方法的局限性（Limitations）和对相关领域的潜在影响（Impact or Implication），总结重要结论（Conclusions）并思考本文中未来值得探索的方向或问题（Future Research），详细分析图表中数据对提出方法的支持情况或实验的显著程度、澄清论文的行文结构等。

通过这些交互式的询问，科研人员能更高效且精准地了解论文中的细节。这样就有可能大幅度节省阅读论文的时间，尤其是在论文数量激增的时代。比如在人工智能领域，即使是中国计算机学会认可的一区会议论文，一年下来也会达到1万多篇，没有谁是可以全部读完的。

但通过大模型从文献中归纳精华，也许就像用3分钟看完一部电影一样，能让读者快速了解多数论文的精髓，形成对整个研究领域的全方位认知。与论文的摘要相比，大模型的归纳对技术细节的把握会更精准，但阅读二者的耗时可能相差无几。

在此基础上，如果觉得某些论文值得细读，再深入下去，做到有的放矢。当然，大模型提取的总结不一定准确，同样需要学生有对大模型"总结"的真伪的鉴别能力。

■ 程序编写

最新版本的大模型已经可以生成能运行的基础程序，比如前端网页界面的代码，或者游戏中让主角进行学习的强化学习代码等。因此，学会善用大模型中相关的指令和提示词，能帮助更为准确地编写出与待实现算法相对应的程序。它对于跨专业的学生来说是个好事，因为它能够弥补学生原本编程能力的不足。另外，在某些论文未提供开源代码时，也可以根据论文的介绍，让大模型帮助写出一段初始代码。自己再在此基础上改进，就能事半功倍。

■ 注意事项

当然，现有的大模型由于在生成文本的机制上是以概率为基础的，因此总会有"一本正经地胡说八道"的时候。如果过分相信或依赖它，在论文的可信度上会存在风险。

另外，不加检查、不进行消化地把大模型输出的内容复制粘贴到论文里，也容易引发学术不端。因为人工智能生成的文字，与科研人员按科技论文的逻辑写出来的文字，在逻辑上、表述方式上仍存在差异。眼尖的评审可能一眼就能发现。

碰到类似的情况，一个有经验的研究生或导师应该能发现问题，将论文里不符合规范的人工智能生成语句排除掉。

总之，大模型的出现已经让我们看到了人工智能技术对科研的促进作用，研究生学好它，显然能为自己的科研增加一项利器，对科研创新有所助力。但需注意的是，要形成自己独特的创新能力，还得多发挥自己的想象力，否则，容易被人工智能从大数据中学习获得的"推理"能力所左右。

12. 人才筛选："泛"科研能力

2025年研究生报考人数为388万人，比2024年少了50万人。究其原因，一是各个学校保研人数上升；二是本科毕业生求稳定编制的多了，考公人数显著增加；三是机会成本上升后，对报考后顺利考上信心不足的学生，以及对考上后是否划算、经济压力能否负担有所顾忌的学生可能也都有所增加，尤其是考虑到目前录取研究生的总量并没有变化；四是出国读研的学生，与前几年相比略有增加。但是，总体来看，考研人数还将会维持一个大的体量。

为了能考上研究生，不少学生花了大量时间做题。部分专业，可能从大一开始就在为考研做准备。还有学生为了确保能考上研究生，甚至采取了"逆向考研"，即报考"双非"院校的保守策略。也还有不少"三战"甚至"四战"的学生在坚持考研。而由于在分数上面的竞争激烈，近两年经常能见到高分学生被调剂的情况。但随之而来的问题是，以分数为唯一标准初筛研究生的弊端会越来越明显。

因为唯分数论，考研的学生们就会沿袭备战高考时的学习模式，通过刷题来固化对各种题型的记忆，提高得分的稳定性。在考研人数越来越多的情况下，依靠考场上的灵光一闪来解难题就非常有风险。然而，纯靠记忆反映出的高分，事实上与研究生的科研定位是背道而驰的。

因为唯分数论，多数准备考研的学生可能会把绝大多数时间投入在对专业课的学习上。但事实上，现在的科研其实已经相当细化，即使在同一个学院，不同老师之间的研究方向也是千差万别的。靠考研专业课的分数无法鉴别考生的科研能力，况且专业课学得再好，对具体的某个科研方向上的用处也不是特别明显。除此以外，它还无形中将许多非本专业、但对该专业相关研究方向特别感兴趣的学生拒之门外了。

因为唯分数论，导师通过面试来甄别学生科研能力就变得特别重要。这导致了不少高分考生因缺乏这方面的良好表现而被淘汰。反而一些在本科期间有过丰富科研经历，如提前进入实验室、发表过高质量论文的学生，在初试不利的情况下，可以翻盘通过复试。但是，复试给每个学生的时间并不长，只有15~20分钟，每个面试老师问问题的角度也很难保持一致性。在主观因素占比太多和面试时间有限的情况下，筛选出真正具备科研能力的学生的难度并不小。很有可能，有一些科研能力乍看"不错"的学生被选上了。

从某种角度来看，这或多或少是考研"高考化"产生的问题。要避免这一问题，在研究生考试中增强科研能力的筛选比重就变得尤其重要。

既然专业课的分数不等同于本专业具体科研方向的科研能力，那可能合理的策略是通过考试来评估考生的"泛"科研能力。比如通过对科普文章和科技文献的阅读理解来评估。

为什么呢？一方面，科研能力本身就应该是一种触类旁通的能力。它是研究生期间需要掌握的能力，在学生毕业后即使更换科研方向或走上工作岗位，这种触类旁通的科研能力依旧能帮助学生快速解决非本专业问题。另一方面，科普文章、科技文献的阅读能力，也是研究生在解决科研问题中必须具备的。

如果能将这一环节的考核提前至研究生入学考试中，可以避免学生把大量时间花在专业课的刷题等无助于科研能力提升的事情上。也能尽早地提升考生的科学素养，减少在研究生入学后再培养该素养的时间。

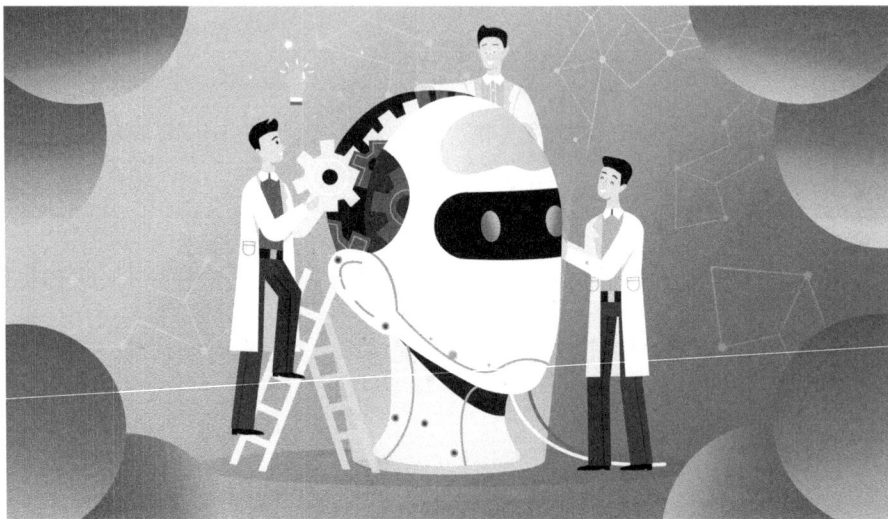

▶ **图1.12-1　泛科研能力**

事实上，从近两年的高考卷中已经能看到国家对提高学生科学素养的重视了。比如2022年高考语文乙卷的实用类文本阅读，就出现了3篇科普短文，分别选自杨振宁的《对称与物理》、尹传红的《由雪引发的科学实验》和肯尼思·利布雷希特的《冰的形态发生：雪晶中的物理学》。这是希望学生可以从生活中发现科学问题，养成良好的科学观察习惯，并能运用科学思维来探讨所见事情背后的科学本质。无独有偶，2023年上海春季高考语文阅读理解中，也有16分的题选用了我的人工智能科普书《爱犯错的智能体》中的内容。该题是期望考生通过分析陆汝钤为该书撰写的序来推测书的结构，同时学会关注学术前沿，以有利于培养考生的科学态度和创新精神。

从2021年6月3日国务院印发的《全民科学素质行动规划纲要（2021—2035年）》来看，今后高考中科普文章的出现必然会成为一种趋势，而非昙花一现。

这也意味着，我们同样需要对研究生的入学考试做一些变革，既然考研可能"高考化"，那我们也应该将"高考化"的考研科普化。

具体来说，可以在研究生招生考试中单独设置与科普文章或科技文献的阅读相关的考试科目，或替代专业课的考试。

更具体来说，一是通过考查学生对科普文章或科技文献的阅读理解能力来评测考生对科学知识了解的广度和平时相关知识的积累程度；二是通过科普文章，考查学生对文章的阅读能力，包括能否了解全文撰写的结构、中心思想，是否可以快速发现文章中存在的不足，以及可以探索的方向等；三是帮助考生形成适合科研的严密逻辑，因为多数科普或科技文献都有其内在的逻辑。除此以外，还可以引入短篇科技文献和短篇科普文章的写作，来提升考生的科技论文写作能力。

若能提前对考生进行科研能力的考查，不仅可以让考生在准备考研中就间接地提升科研能力，而且能更好地筛选出真正具备科研能力的考生，还能缩短考生进入相关科研方向的学习时间，更早地产生科研成果，何乐而不为呢？

第二部分

论文写作与报告进阶

对研究生来说，论文可以分为两种，小论文和大论文。小论文是指研究生学习期间在期刊、会议上发表的论文。这种类型的论文如何写，我在《高质量读研：教你如何写论文、做科研》中有过详细介绍。而大论文，指的是毕业论文，是每个研究生毕业时必须提交的。它与小论文的写法有很大的区别，但又是研究生们很容易忽略的一块。这一部分的内容，主要介绍大论文的写作，同时，也会对《高质量读研：教你如何写论文、做科研》中未提及的与小论文相关的问题再做一下梳理。另外，本书也会详细介绍一下如何作报告，因为它对提升研究生科研能力也至关重要。

1. 查重：大论文的关键一环

查重是大论文的关键一环，它的目的是发现与非本人发表的论文可能重复的内容，通过辨别重复的程度来判定大论文是否存在学术不端，将这一问题尽量扼杀在萌芽状态。

　　但是，大论文需要查重吗？这本不该是个事儿。因为如果是以科研为导向，在写大论文即毕业论文前，学生应该已经通过一系列科研小论文的撰写和发表，为自己奠定了坚实的论文写作能力。大论文中的大多数内容摘自或翻译自自己早先写的文章内容，重没重作者自己相当清楚。论文里的素材是不是自己的内容，作者自己也非常清楚。唯一需要注意检查的是，大论文里的综述部分。

▶ 图2.1-1　关键一环：论文查重

　　不过，如果前期研究生的能力培养没做好，大论文不进行查重就有极大的风险，尤其对于那些进校时就把方向定位在工程而非科研的研究生来说风险更大。

　　主要的风险是会引起学术不端。但是，偏偏有不少学生甚至导师对此不以为然，认为只要学生能毕业就行了。然而，如果查重率高或存在学术不端，这个问题实际上是颗不定时的炸弹，即使毕业时侥幸没爆炸，未来5到10年间也可能在抽查中被发现。一旦查出，不仅自己的学位有可能被取消，导师也有可能要承担连带责任，受到停招研究生一年以上的处分，影响整个研究小组、实验室甚至学科方向的良序发展。

所以，从学校的角度，为了避免这种情况发生，往往在论文送盲审之前，会增加一道预审环节，一方面保证学生送出去的大论文在学术方面是合格的，另一方面也是防止大论文出现学术不端问题。

要进行查重，学校一般会通过知网（英文缩写为CNKI，全称为中国知识基础设施工程）。学生自己也可以用知网或其他查重软件，如中国学术不端文献查重检测系统。这些查重系统里面其实都蕴含了人工智能和大数据的技术。一是有查重必需的大数据。它是由海量的、先前发表过的期刊、会议、研究生/本科生毕业论文、图书、专利、报纸甚至互联网的数据组成的。数据库收录的文献越全，查重的可靠性越高。二是人工智能技术的运用，它既能进行快速的匹配，发现疑似相同的内容，同时又能实现准确查重。

但是，现有的查重系统也并非尽善尽美，漏网之鱼还是存在的。比如，不同语种之间相似内容的查重，可能还是很难发现抄袭行为。这方面仍然需要人工来操作。还有图表的查重也存在一些局限性，毕竟识别图像上的重复性需要更高层次的认知理解。这些都要求学生有高的学术道德标准，不要抱侥幸心理，因为查重技术一直在发展，目前发现不了，也不意味着以后发现不了。更何况，还有人工查重、毕业10年后大论文的盲审需要面对。

另外，在查重时，也需要避免一些坑。因为查重需要支付费用，而待查重的文章本身也有理论或应用价值。因此，学生就需要学会鉴别查重机构的真假，并且避免把自己的文章交给某些行为不端的查重机构。如果不假思索地、毫无保留地提交自己的论文到这些机构，有可能要么没能获得真实的查重结果，导致论文送审时因为查重率过高被拒，要么导致自己的文章被卖掉了，甚至导致里面的核心内容被其他人抢先发表。那时就是真的"哑巴吃黄连，有苦说不出"了。

那么，查重系统能帮助发现哪些不该出现的问题呢？哪些又是查重系统警示了但可以忽略的呢？对一个大论文来说，查重率在多少范围以内是可以容忍的呢？

查重，顾名思义，就是检查重复度。系统能发现的，一般来说，有5种情况。第1种是整段重复的，这是查重系统最容易发现的，也是大家最需要避免的。印象中有学者因为发表的论文整段重复他人文章的内容，导致名誉扫地，此类例子也不少见。第2种是拼接重复的，其重复内容可能来自若干篇已有文献，但相对零散。系统此时会给出每句话的来源。第3种是高度类似，比如在语句中存在局部字词相似，但整体上并没显示出高度重复性。第4种是写的语句源自某篇文献，但没有进行引用。第5种是参考文献上的重复，这种情况往往可以忽略。

第1种重复的出现与十几年前甚至更久之前国内的学术规范还没走上正轨有关系，那时大家都在学习阶段。而现今的学术环境，已经完全不同。出现这种重复的原因有两种，一是偷懒，二是没有消化吸收。大论文是对自己工作的总结，内在的行文逻辑都应该是自己的。大段重复，意味着自己的逻辑在这里会被硬生生打断，换成别人的行文逻辑。想要避免这种情况，就应该自己消化吸收后，通过自己的理解，再用自己的语言重新表述出来，以便保持行文逻辑的一致性。

如果学生不认真写，没有从自己理解的角度来写，那意味着导师要花更长的时间来帮助检查，甚至帮助重新撰写疑似重复的段落。这是相当不划算的。因为导师的经验本应该用于帮助提升学生的创新能力上，现在却在帮着"擦屁股"，确保大论文的语言水平能及格。当然，现在有了大模型GPT，它也能辅助语言表述上的重组。这种情况的重组，也需要学生自己仔细检查和润色，避免GPT把新的重复内容加到文章里。

大段重复，还有一种情况，是源自自己已经发表过的论文，比如综述论文。这种情况下，理论上可以沿用原文。但如果已经发表了一段时间，需要按照学校的要求降低重复率的话，也不妨考虑重组文字的表述。

简单来说，对第1种情况的处理，要做到，正确引用、消化吸收、保持逻辑一致。

相对于第一种情况，后4种都可以类似处理。需要注意的是第4种，没有引用的，一定要补上引用，并指出本文与原引用文章的区别，否则也会被判定是学术不端。因为，有可能大论文的某些创新是源自此引用文献。但作者通过有意忽略此引用文献，来"提升"大论文的创新性。如果仅是忽略了综述部分的引用文献，那补充引用文献，并保持行文有自己的逻辑即可。

再说一下查重率，这个似乎每个高校有自己的标准，并不统一。对博士、硕士、工程硕士等也都有不一样的标准。一般来说，查重率不能高于20%，部分高校要求不能超过10%或7%。但从严格意义来说，个人认为，查重率低于3%才是安全的。它意味着论文中不会出现大段的重复，文字的表述有自己的逻辑。否则，还是有可能会出现以上的5种情况。

据说在降重方面，还有些"歪门邪道"，可以骗过人工智能和大数据的查重。但这么做，改变不了论文存在学术不端的问题，迟早会暴露。所以，还是得端正态度，认真且真正按学术规范来降低重复率。

另外，除了大论文上有查重的问题，还有两种文章也特别容易出现与大论文类似的问题，需要小心。一是不同单位一起合作写论文的时候，尤其是综述型的论文。二是合作编著的书籍。因为参与单位多，学生也多，如果不认真，很容易出现"千里之堤，溃于蚁穴"的情况，即很可能会因小疏漏让整篇论文或整部书籍以及所有合作者都获得不好的声誉。

从学术规范的角度来看，这种事的发生多少反映了合作者和参与者的上心程度，有的时候还不一定是写得好不好的问题。好的合作者，应该会全方位全细节做好把控，即便不是主导者，也会把自己的责任明晰。

除此以外，还有一种情况也要特别引起注意。就是小论文的成果是否可以放进大论文中，比如自己非第一作者时的成果。如果没有征得第一作者的同意，直接写进大论文，或者翻译后写进大论文，那可能造成的后果是，第一作者写大论文的时候，没办法再写这部分的内容了，因为查重系统会判断为前者的科研成果，而非后者。不征得第一作者的同意会引起不必要的麻烦。极端情况下，第一作者可以向学术委员会指出后者的学术不端，从而导致后者的大论文被判定为不合格，甚至学位被取消。但无论是什么情况，在自己不是第一作者时，如果要想把小论文的成果写进自己的大论文里，务必要征得第一作者的同意，也应该让通讯作者（往往是导师）知情。

关于合作中出现的这些问题，我一直记得我导师的教诲："你可以被'忽悠'一次，就当认识人。"

2. 成体系：大论文的另一关键环节

大论文不同于小论文，后者可以是散点型的成果，但大论文需要有核心价值观和中心思想，才能真正过关。

不少学生在撰写大论文时，简单地以为把自己以前发表过的论文成果，都放进来整理一下，大论文就写成了。实际上并非如此。

大论文虽然是对研究生生涯成果的总结，但也需要将发表过的论文的内在关联性弄明白，凝练出主题，再从论文列表中有选择性地摘取相关内容在大论文中整合、形成体系。

那么，这里提到的内在关联性和选择性究竟应该在何时做会更优呢？

显然不是等到写大论文的时候，而是应该在选方向的时候，就开始全盘考虑。

如果在确定研究方向时，就能明确内在关联性，当然最好。但实际上，对未知方向的研究常常是摸索着前进的，这种情况才更符合科研的本质。

对任何一个研究方向来说，不可能只有一个问题需要解决，通常会存在各种局限性，可以通过调研慢慢发现并部分解决。

方向初步明确后，从调研开始，一种方式是先形成综述性的认知。在写综述的过程中，就能看出该方向存在这样或那样的问题。比如做人工智能某方向的研究，那么问题可能是预测性能上存在劣势、抗噪能力弱、有标签数据少的时候性能会明显下降、计算复杂度高、训练时间长、硬件环境要求高、防对抗攻击能力弱、对数据空间的认知存在根本性缺陷或偏见、应用领域过窄，诸如此类。当研究者能够围绕这一系列问题，逐项解决或部分解决的时候，就意味着体系开始形成。

当然，研究问题的方式也不一定非要从综述开始，也可以是在某一个问题被解决后，再开始慢慢推广、触类旁通。前者对问题看得全，后者则是针对性强。

体系为什么重要？评审专家在评价大论文的时候，为什么特别看重体系的完整性呢？

因为读研究生过程中，时间是有限的，人的精力也是有限的，需要折中。如果大论文内容做得过宽，那通常的结果是会失去深度，即对某方向存在问题的认识不够深刻。而体系的形成，意味着研究生对研究方向存在的问题有了系统性认识，也反映学生具备了更强的、多角度、多方位的攻关能力。

如何在大论文中表现出成体系呢？有研究成果就很好办了。作者需要在大论文的第一章里，将后续每一章的内在逻辑都讲清楚，说明每一章都解决了大论文研究方向里的哪些核心或关键问题。除了文字描述，给出可视化的结构图更佳。比如总的研究内容是什么，下面画几个框写明解决了哪几个问题，分别对应哪几章，再在每一章的开头描述部分中强调一下即可。

　　一篇合乎规范的大论文，需要考虑包含哪些内容呢？如果是一个完整的体系，一般应该有前沿进展综述，有理论上的证明和突破，有算法上的创新，有应用上的实证，有测试数据集上的效果验证，有对未来该方向发展的思考。不过限于研究生的水平，这样全面覆盖的难度比较大。更常见的是根据多个实际问题形成的不同算法上的创新，每个创新又通过实验得到了验证。

　　虽然如此，但在读研的时候，还是有不少学生没有意识到成体系的成果的重要性，喜欢由着自己个性和兴趣来散点做。当然，如果学生能力足够强的话，偶尔散点做也没关系，因为这可能有利于学生间的合作。

　　但是，散点做的缺点是什么呢？散点做的意思是，在多个明显不一致、完全不搭界的方向上的研究，比如语音识别和医疗图像分析两个应用性的研究。有的时候，甚至这些研究在模型使用上也只是采用了一些已知的模型。如果持续这么做，等到临近毕业才发现散点做的小论文不太好组成大论文，就麻烦了。

　　即使之前成果多，不成体系的大论文在送盲审的时候，也有可能不被专家认可。原因很简单，主要是现在国内在学术规范上要求越来越严格，在送审的论文上已经逐渐从原来的可以明示已发表的论文列表，转换到不允许列出作者姓名和论文发表出处。而评审专家在不清楚学生之前发的成果在哪里，或不看论文列表，只根据大论文上的表述来判定的前提下，评审的标准必然不同于小论文，而会从是否存在完整体系的角度来判断大论文的水准。

如果审阅大论文时，发现章与章之间是脱节的，东一榔头西一棒槌的，找不到任何关联性，那么评审就无法判断作者写大论文的目的是什么、贡献又是什么。其评审的思路、连贯性也极易被打断。在这种情况下，评审可能会以为学生只是因为想毕业，所以才把各种毫无关联的内容拼凑起来，以达到论文要求的字数。在这种情况下，盲审被拒的概率必然相当高。

当然，也不是说一定就会被拒，因为有可能评审会手下留情。但是，大论文不成体系，从某种意义来说，此论文也只是达到了勉强毕业的要求。这种大论文，一般来说很难形成广泛的影响力，会被埋没在大论文的海洋里。而对学生来说，写出这样的大论文意味着其在科研能力和意识培养上还存在缺失，且没有在读研的生涯里把这些漏洞补上。这不能不说是一种遗憾，毕竟无论在未来的工作还是科研上这种能力都很重要。

3. 划重点：大论文写作小技巧

成体系的大论文固然有价值，但把小论文写好也同等重要，因为这是研究生需要具备的基本功。虽然我国近年来在论文发表数量上已经明显位居国际前列，高端刊物、高端会议的文章也有很多，然而，如果考虑到每年 400 万人左右的考研队伍和获得入学资格的研究生数量，能发出高质量小论文的学生所占比例仍然不会太多。多数学生可能没有好的小论文来支撑大论文的撰写。

另外，由于考核机制的原因，多数院校更看重高端会议、高端刊物论文的发表，对毕业论文的考核标准反而没有那么严格，以至于导师也有可能不会特别重视并花大量时间去帮助学生修改大论文中存在的问题。

但是，大论文的撰写反而成了多数研究生最重要、最需要细心完成的一环。

要如何把一篇大论文写好呢？考虑到篇幅问题，大论文中非常专业的技术细节并不适宜泛泛讨论，本书中我只分享在论文标题、中英文摘要、目录、页数、展望与致谢部分和时间节点6个方面需要注意的、普适性的一些事项。

（1）论文标题

不少学生在选择标题时，喜欢用一些很时髦的词，但这些词没有透露出实质性、具体性的内容。比如人工智能领域流行深度学习，有些学生就喜欢在标题里加上深度学习这样非常宽泛的字眼儿。实际上，这种用词并不利于论文的传播。因为如果进了毕业论文数据库，有人希望找到与作者类似的研究而用"深度学习"作为关键词来搜索时，可能会搜到上万篇相似的毕业论文。这等同于把自己的论文变成沧海一粟，难以被发现。所以，在标题命名时，应该更加具体一些，要能突出论文最独特的创新性，以便被有效检索。

另外，有学生担心标题太短不能把自己工作的内容完全展现出来，就偏好用特别长的标题。然而需要注意的是，标题不宜过长，言简意赅的标题更容易吸引读者的注意力。比如人工智能里曾关注过的注意力问题，2017年Google机器翻译团队以"Attention Is All You Need"为名发表的关于转换模型Transformer的论文就曾引起广泛关注。以至于后来有不少人学习了他们的命名法，发表了如"Transformer Is

All You Need""Patches Are All You Need"的文章，甚至吐槽现阶段人工智能的大模型过分烧钱的"笑话"也沿袭了这个句式："Money Is All You Need"。

吸引眼球的标题固然重要，但也切记要符合论文的内容，不要过度夸大，否则会适得其反。

（2）中英文摘要

摘要是大论文中第2个需要注意的部分。摘要一般包括中英文两部分。在字数方面，不宜超过一页半，理想情况是刚好一页。就像写个人简历一样，如果能把自己最亮眼的内容总结到一页纸里，那显然比花三四页纸讲一堆废话要更为有力。不过，博士论文往往内容多，所以摘要一般是一页到一页半。

摘要部分是评审发现问题比较多的地方，尤其是英文摘要。原因很简单——多数学生的英文写作是不过关的。即使过了大学英语六级，疏于练习后，在用词方面，还是会存在不少纰漏，缺少下意识的反应和语感。比如"a"和"the"的使用、谓语动词的单复数用法、时态的用法等。还有用词的匮乏，一个单词从头用到尾。比如use，明明有employ、apply、adopt等可以替换，但经常能在论文的摘要里只见得到"use"一个单词。当然，现在有大模型。如果想不出来，可以找大模型问问可替换的单词或词组。不过，英文单词的意思，不能只看汉字的翻译意思，最好看英文注释，这样才能确保用词准确。

需要提醒的是，评审看大论文时，对论文的第一印象往往是源自摘要。如果摘要没有写好，很容易让评审质疑大论文的内容，并降低对论文创新性的期望。所以，在大论文写作中，中英文摘要部分，一定要认真写，自己也要反复阅读，确保语言流畅、没有逻辑漏洞，并完整表达了论文的创新性。

（3）目录

大论文与小论文不同的一点，是有目录。如果写作时使用的是LaTeX软件，套用毕业论文模板可以自动生成目录。而如果使用的是Word，只要在定义目录时，注意标题分别属于哪一级，也可以让其自动生成目录。后者需要注意的一点是，起始页数要记得是从正文开始，而非从论文的封面开始。通过插入分页符，再进行页数的自动标注，可以实现页数重排。

还需要注意的两点是：①标题，尤其是章节的标题，应该能体现出论文的体系结构和相互关系。还得注意，章节的标题要能够反映出该章节内容的创新性，因为有些评审的第一印象来源，除了论文标题外，就是目录。如果评审从目录中看不到创新性，很可能对论文的印象就非常不好了。②目录标题中不要出现类似"[1]"的论文引用符号。一是影响阅读，二是会导致论文中的引用序号出错。

（4）页数

毕业论文一般有页数要求，比如硕士论文一般需要50～60页，博士论文至少100页。

如果大论文是通过小论文集结成册完成的，有的时候可能会面临页数不足的问题。因为按国内多数学校的毕业标准，发表的小论文一般数量在2篇以上即可。而小论文按通常的期刊要求，多数不超过10页，短的如会议论文，甚至4页即可，再长一点的也不过15页。因此，小论文篇数较少，则其合并形成的大论文，会面临页数不够的窘境。这也是为什么不少博士生在提交大论文前，不想只以最低标准来申请的原因之一，因为真的不一定撑得起页数达标的大论文。

要如何保证大论文在页数上达标呢？

就我评审过的论文来看，有不少这样操作的：将图片刻意放大，一张图占一页；将行间距扩大到2倍都不止，甚至还故意留大段的空白；还有把一些毫无意义的代码加进来充数，也有把研发的界面截图塞进论文里的。然而，这些方法对论文的实质性贡献不大，只是单纯地增加了页数。而且，与中规中矩写好的论文放在一起看时，很容易被看出问题，反而凸显出作者的不认真。

根据我的经验，更合理的策略是增加论文的信息量。那么，如何增加论文的信息量呢？

实际上较好的办法，是反省一下自己原来写过、发表过的小论文。那些论文，在发表的时候应该是留了不少尾巴没做完的。举例来说，如果论文重在算法方面的创新，可以想想有没有对其做过相关的收敛性证明，或是否缺少其他理论方面的验证。如果是理论方面的创新多一些，那有没有在原文中提供完善的实验验证，是否存在一些未在小论文中详细讨论过的局限性。如果由于页数限制，当时的实验未做全，那么，可以想想还有哪些数据集、哪些参数验证的实验值得补充进大论文。

除此以外，是否可以提供更多的图表、实验结果。比如说，之前投会议论文时，由于正文部分有篇幅限制，一些图表和实验放置在未发表的补充材料里。那么，可以将这部分内容补充进正文相应的位置。

另外，小论文发表后至大论文的写作节点，可能已经过了一段时间，这期间应该有新的文献出版了，是否可以考虑补充并展开比较、分析和讨论。这些，毫无疑问，都能实质性地增大论文的信息量，让大论文的内容更为饱满、更成体系。比如说，2023年大模型、人工智能绘画的模型更新很快，那与这些方向相关的大论文，就应该在论文中提及和分析这些大模型。有条件的，还可以考虑补充实验。

如果没有发表过小论文，也可以考虑以上的技巧，因为这些技巧都能增加论文信息量。

当然，页数要求并不是一成不变的。古往今来，虽然有些惊世骇俗的毕业论文页数极少，但这种情况在总数中的比例是极小的，很难作为通用的范文来借鉴。保险起见，大论文的页数还是按常见的标准处理更合适。

（5）展望与致谢部分

作为大论文的收尾部分，展望需要针对该研究方向存在的局限性、可拓展的适用范围、今后发展的前瞻性和洞察力，进行充分讨论。对于今后希望阅读和参考大论文展开研究的科研工作者或学生来说，展望部分的价值很大，因为写得好的话，能引导读者产生很多启发性的思考。

但有些学生写到这，就写不动了。我经常见到前面章节下笔千言，到展望就只写了一页或一页半的虎头蛇尾的论文，给人一种上了一天班，临近下班，赶紧收拾收拾回家的感觉。展望部分页数不足，不仅在论文章节比例控制上不太协调，也会让人认为作者没有对研究方向进行深度思考。所以，在这一部分，还是要不吝笔墨，展开讲讲。

结尾部分的展开，有的时候要像写科幻小说一样，不妨讨论一些目前可能做不到的、但未来有前景的方向。这样才可能方便对本文有兴趣的读者从论文中找到可学习的内容，并继续沿着此方向去钻研。

而致谢部分，是大论文中常见的一部分。它用于总结研究生期间的一些经验、体会，表达对师兄师弟师姐师妹以及导师和相关老师的感谢。它有别于前面章节相对客观化的陈述，是比较主观的。所以，尽量不要写套话。但我也曾在答辩时见过一模一样的致谢，一看就是抄的。比如致谢中实验室同学的部分，连自己的名字也抄进去了，或者把同学的名字都写错了。这挺尴尬的，连致谢这种与个人经历相关的都要抄，而且还抄错了，那实际的论文质量可想而知。这部分如果写得好，能够引起不少人在读研期间的共鸣，甚至使其对作者产生敬佩之情。

另外，是否要在致谢部分感谢自己的男朋友或女朋友，也请审慎斟酌一下，因为毕业论文是会上传永久保存的，但感情能否经得起时间的考验，谁也说不准。而永久保存的毕业论文也要经得起考验才行，不然，如果等自己成家立业，哪天小朋友翻看这一生只有一次的硕士/博士毕业论文，发现不少问题，那不是挺尴尬的?

（6）时间节点

时间节点也是即将毕业的学生一定要学会估计的，因为好的毕业论文是需要花时间锤炼的。我见过有学生花大半年时间来撰写，也知道有学生不当回事，马虎乱写。后者在盲审、答辩阶段显然会很难看。

　　毕业答辩的时间，一年有两次，12月或6月，视学校规定来确定。送审论文的时间节点一般往前推两个月左右。有些学校还有预审，得再往前推两个月。在预审阶段，大论文需要有五到六成或更多的完成度。那么，要从零开始写到预审时的完成度，再考虑一些待处理的杂事和未列在计划内的事情，这么算下来，至少需要留出大半年的准备时间。

　　有些学校还有对小论文达标的毕业要求，还得把小论文从提交到修改到获得接收的时间都算进来，以便按期毕业。

　　如果自己对时间没有那么强的自控能力，建议再增加一到两个月的备用时间。

　　无论如何，毕业论文的撰写一定要打好提前量，在撰写过程中也得反复打磨，这样才能确保毕业论文的写作是过关的，才有可能形成好的论文质量和获得评审的正面评价。那么，如何在论文撰写时，相对高效呢？

▶ 图2.3-1　论文写作宜控制好时间节点

4. 讨论：避免低效的论文写作

要写好论文，关键靠练。论文写作通常有两种训练模式：一种是在课堂上学；另一种是实战，即通过投稿来提升论文写作能力。

多数科研院校，都会专门开设一门论文写作的课程来指导学生如何写作。如果没有，网上能找到不少与论文写作相关的公开课。

▶ 图2.4-1 论文写作，多写多练，熟能生巧

一般情况下，学生通过学习该课程，能了解论文写作的基本规则。课程结束时要求提交的课程报告，也会是一篇像模像样的课程论文。然而，这并非真刀真枪的实战，授课老师也很难有时间与学生就课程论文存在的问题进行反复多次的沟通交流，更缺乏同行评议的反馈，也很少涉及写作中隐含的、与研究生科研方向密切相关的实际问题。所以，它颇像是"纸上谈兵"。

那么，何时写论文才是真正有意义和有成效的呢？个人以为，在有了值得写的创新点，并得到初步验证后，再开始写，会更合适。

如果只是刚刚有了想法，没必要马上动手写论文。毕竟，这时还只停留在想法阶段，并没有得到实证。

但这个阶段不妨做点准备工作，把论文的综述部分做些收集和整理。只是由于对论文的创新点和对先前不足的解决现状都还不明确，整理的内容往往是零散的，无法相互呼应、形成有效的逻辑闭环。

即使想法开始通过实验得到了初步印证，也还需要进一步地深入测试，此时也不要让老师介入，老师也不需要着急帮学生改论文。

实际上，老师如果在这个节点或之前介入论文写作，是不能让论文产生质变的。即使老师写作能力很强，帮助学生把论文改得表面看起来很好，但论文实质上还是含金量很低的，这样的论文还不如不写。

等到实验完善得差不多，在正式撰写和修改论文前，还需要一个关键的步骤，那就是讨论。要进行有效的讨论，可以让学生准备好PPT。在学生汇报的过程中，参与论文撰写和修改的人可以详细地询问每一个细节，以避免不必要的误解；可以不带情绪地指出可能存在的、没注意的各种漏洞，帮助完善论文的逻辑严密性；可以在聆听和辩论的过程中，逐渐将最合理的、最有利于论文被评审认可的故事线理出来。如果经不起讨论，那说明论文的创新点还经不起推敲，需要进一步凝练和升华。

如果通过讨论，感觉论文相对比较完善了，就可以真正进入写作阶段了。

论文写作中，要注意两件事，一是避免低级错误，二是把握好切入写作阶段的时间点。

（1）举一反三

研究生在写作论文时，存在大量低级错误。

比如拼音错误，如"由又有""杨扬"这样的同音字，还有"图像""图象"这样的形似字，我就经常见到。这一般是没有打印检查的结果。往小的方面说，这些低级错误会干扰读者对论文的连续性阅读，继而影响对论文的正确评价。往大的方面看，互联网上拼音错误的普遍性也间接导致了中文语料库的质量不高，影响了人工智能大模型的性能。

但想要避免写作中的低级错误，并非看看如何写论文的书就能避免。纸上谈兵，往往无法吸收成自身的经验，更不用说形成快速判断的直觉。而且容易犯的低级错误不是一次就能改好的。如果长时间不进行练习，很容易把刚学到手的可避免低级错误的经验忘却，结果便是一次又一次地重复犯相同或类似的低级写作错误。

这种情况比较常见，有些学生觉得自己发表过一篇论文，就不坚持科技论文的写作了。殊不知，论文写作经历太少，是形不成"肌肉记忆"的。

（2）适时切入

如果把一篇论文的撰写过程看成一座金字塔，从最底层的调研，到形成想法，展开实验、讨论，到论文的提交、修改直到发表，真正有意义的论文写作应该是在充分讨论之后，也就是从金字塔的中间台阶开始的，是建立在创新点充分到足以发表的基础之上的。

需要注意的是，到了这个阶段，学生最好把初稿快速完成，千万不要慢悠悠地写，因为拖久了，一方面有可能论文的想法被其他科研团队抢先发表，另一方面，缺乏连续性的写作，反而容易导致文章的逻辑不严密，存在较多漏洞。再者，古文说得好："一鼓作气，再而衰，三而竭。"最后就是不要吹毛求疵般地追求完美，因为科研里面永远是有"黑天鹅"的，论文优化也可能是没有尽头的。

另外，如果学生在还没准备好的时候就开始写，那就有点赶鸭子上架的感觉了，学不到科研的精髓。

通过以上论文写作的金字塔结构设计，投稿质量才会有所保障，才能冲刺高质量的期刊和会议。

但是，当你发现导师允许发论文的档次，比他一直以来的规格低了。那不一定是导师科研水平变差了，有可能是导师不得不拉低自己的科研水准下限，来帮助学生取得一定成果。

5."谁是等等"：透过参考文献看科研素养

大论文里，参考文献也是不容忽视的部分。这里特别容易出问题。

俗话说，以小见大。想了解一个科研人员或研究生到底在科研素养上有多好的修养，可以从参考文献上一窥端倪。

对本专业熟悉的学生，应该清楚相关期刊、会议的名称和格式。比如说，期刊一般是有卷、期的。参考文献里引用的论文，务必注意发表的时间。

如果参考文献里一篇文章是在5年前发表的，而没有给出卷、期、页码等信息，那就需要查阅一下其状态是否已更新。否则，要么是论文存在重大瑕疵，期刊不给其正式出版的机会，论文始终停留在没有这些信息的Early Access（提前使用）状态，即只能从期刊网站上找到电子版。要么是期刊接受的论文数量实在是太多了，排到正式出版跟某些地方车牌摇号中奖一样困难。除了这两种情况外，那肯定是已经发表、信息需要更新的。只要重新查阅一下，就能确认其准确的卷、期及相应的页码。

而对于会议论文也是如此。一是应该清楚相关专业的会议名称具体是什么。比如我们人工智能领域的神经信息处理会议，有些学生可能会错写成International Confe-rence on Neural Information Processing Systems，但实际上它是Advances in Neural Information Processing Systems。如果这都写错了，有可能会贻笑大方，让评审觉得作者不专业。二是会议论文的页码。如果引用的会议论文页码写成从1到4页、1到6页。那就需要想一想，一篇会议论文出现在会议论文集第一页的概率能有多大，尤其是当会议一次性接收的论文超过1000篇的时候。

类似的页码问题还有不少，比如，一篇文章只有一页的概率有多高呢？除了评论他人论文的Comments文章外，显然这种情况的概率是极低的。即使是我们行业里论文比较短的ICASSP（International Conference on Acoustics, Speech and Signal

Processing）会议，其论文正文长度也有4页。但还是有作者会在参考文献中引用只有一页的论文。这说明，作者只是盲目地在收集文献，没有动脑筋思考一下其中的合理性。

当然，还有些论文，只给出论文标题，没有任何其他出版信息。没有期刊或会议名，没有页码，甚至没有出版的时间。出现这种情况的引用，一种可能是LaTeX格式有误，导致期刊或会议的内容不能正常显示；另一种可能是作者压根就没想过要认真写这篇论文，所以才会对参考文献的引用规范不以为意。

还有姓名的写法。有些作者会在缩写的时候，把本应是姓全称、名缩写的方式错写成姓缩写、名全称。英文姓名也就罢了，确实不懂老外姓和名间的差异，容易弄混。但如果是中文名的音译也写错了，那对于我们来说，应该是一下就能看出来的。比如"Junping Z"的写法，明眼人都会觉得读着别扭，知道Junping是名不是姓。这显然是需要被纠正的。当然，也并非没有例外，比如人工智能领域非常著名的李飞飞教授，她对引用她论文时的格式，就允许将姓名写成Fei-Fei L。据说是因为，她认为国内外姓李的太多，如果写成Li F-F有可能不清楚是谁，但反过来写，必然会是唯一且印象深刻的。

还有会议举办方的单位，一般其缩写是需要全大写的，比如IEEE、ACM等，不能只首字母大写，而将其他字母小写成Ieee和Acm的形式。如果某些单词出现得比较奇怪，比如Asme，似乎非本行业熟悉的名词，也不像是一个单词，那就需要搜索一下其真实含义，了解到其是美国机械工程师学会（ASME，American Society of

Mechanical Engineers）的缩写后，同样，4个字母均大写。

　　排版问题也是参考文献中缺乏严谨思维、不够精益求精的表现。比如逗号后面多余的空格。例如"Junping Zhang,"写成了"Junping Zhang，"。在参考文献格式的一致性方面，都需要仔细看一下拟投稿的期刊或会议对论文的参考文献中引用文章作者姓名的格式要求，是要求统一写成"J Zhang"，还是"Zhang J"，还是"Junping Zhang"，不能混用。论文标题也应该遵循要求，要么首字母全大写，要么仅第一个单词首字母大写，也不能混用。另外，还需要注意专有名词，首字母一定要大写，比如"Gaussian""Bayesian"。在用LaTeX排版的时代，专有名词经常会出现未大写的问题。原因其实也很简单，常常是因为作者以为在Bib上写成大写就行了。但实际上在编译的时候，软件会将首字母以外的大写字母自动变成小写。解决的办法也不复杂，在需要大写的字母处加一个花括号，如"{G}aussian"，编译后就保留大写形式了。

　　再比如"等等"（et al.）的写法，我想没有哪位作者喜欢自己变成引用里的"等等"。但作者多的时候，又不得不写"等等"。一般的做法是写前3位，再将其他作者缩写成et al.，或者中文的"等"。但千万不要只写一个作者，就把其余都列成"等等"了。每次看文章出现这个问题，我就会不禁想起当年热播的动画片《灌篮高手》里的一个有趣剧情。

　　樱木花道和水户洋平等人在篮球场与外校学生对峙时，樱木军团闪亮登场来救援。结果，对方学生将樱木花道和水户洋平介绍完，便将高宫望、大楠雄二、野间忠一郎直接称为"等等"，以至于这3人愤而将介绍的学生揍了一顿，并责问之

"谁是等等"，然后再将自己的名字挨个介绍。

实际上，参考文献还有不少其他问题。比如直接从谷歌学术上粘贴并不正确的引用格式；相同的参考文献重复出现；根本没引用的论文出现在参考文献中充数，这个问题在大模型出来后尤其要小心，因为保不准大模型就生成了一篇以假乱真的论文让你引用；在高规格的投稿论文中引用本领域不入流的期刊或会议论文等。

以上这些问题对于早已经经历了千锤百炼的评审们来说，是一眼就能被挑出来的毛病。它们会让评审怀疑作者的科研素养，进而也会或多或少影响到对论文的评分。不仅如此，某些期刊甚至已经明示，如果参考文献格式写得不规范的话，可以不进入审稿环节，而直接拒稿。因为参考文献都写得不认真，凭什么让人相信正文的内容是真实可信和认真写的呢？

不要以为这些情况不会发生或很少发生。事实上，对于缺乏科研论文写作经验的人，以及那些不追求论文写作完美主义的科研人员来说，这些都是会经常出现的错误。

看上去，这只是科学研究的一个小细节，但严重拉低了科研素养，阻碍了好的科研习惯的养成。国内学者们，尤其是研究生们，应该学会在参考文献规范上严格要求自己，形成下意识的规范意识。只有这样，才有助于让国内科研人员的科研素养得到整体提升。

6. 善用LaTeX：规范参考文献小技巧

科研素养就是熟能生巧。有些小的细节，评审一眼就能发现。如果作者写作练习太少，极容易忽略这些细节，甚至会因此被扣分。

举例来说，引用的参考文献，如果是发表在一年或两年之前，就不要过分相信网络上提供的引用模板。因为这些文章有可能已经被正式发表，但模板并未按时间更新信息，这就需要作者自查后把正确信息填上去。如：

G. Xian, C. Ji, L. Zhou, G. Chen, J. Zhang, B. Li, X. Xue, and J. Pu, "Location-guided lidar-based panoptic segmentation for autonomous driving," IEEE Transactions on Intelligent Vehicles, 2022.

乍看上去没什么问题，只是时间是2022年发表的，但熟悉这个期刊的人，应该知道，它的审稿周期和发表周期在整个*IEEE Transactions*系列里都是最短的，发表的文章质量也很好。所以，有必要从IEEE Xplore上再去核查一下信息。一核查就会发现，正确的信息应该是：

G. Xian, C. Ji, L. Zhou, G. Chen, J. Zhang, B. Li, X. Xue, and J. Pu, "Location-guided LiDAR-based Panoptic Segmentation for Autonomous Driving," IEEE Transactions on Intelligent Vehicles, vol. 8, no. 2, pp. 1473-1483, 2023.

其相应的LaTeX的Bib引用格式是：

```
@article{Xian2023,
  title={{Location-guided {LiDAR}-based Panoptic Segmentation for
Autonomous Driving}},
  author={Xian,Guozeng and Ji,Changyun and Zhou,Lin and Chen,Guang and
Zhang,Junping and Li,Bin and Xue,Xiangyang and Pu,Jian},
```

```
journal={IEEE Transactions on Intelligent Vehicles},
  volume={8},
  number={2},
  pages={1473-1483},
  year={2023},
  publisher={IEEE}
}
```

如果再仔细分析一下这段Bib，还能发现一些引用文献时的技巧。第一行，指明了论文的类型。一般期刊/杂志会用article，论文集是proceedings，书籍则是book，技术/科技报告是techreport，总结如下表所示。

表2.6-1　不同论文类型对应的Bib写法及参考文献的使用情况

论文类型/文献类型中文标识	Bib写法	使用情况
期刊/杂志　[J]	article	常用
论文集　[C]	proceedings	常用
书籍　[M]	book	常用
技术/科技报告　[R]	techreport	常用
博士论文　[D]	phdthesis	常用
硕士论文　[D]	masterthesis	相对少用
未归类的杂项　[Z]	misc	较常用
未出版的文章　[Z]	unpublished	较常用
某篇会议论文　[C]	conference/inproceedings	较少用
技术手册　[S]	manual	较少用
小册子　[M]	booklet	较少用
文集中的文章　[C]	incollection	较少用
专利　[P]	patent	常用
网络文章　[OL]	online	常用（如arXiv文章）

至于每种文章的LaTeX写法，网上可以找到的信息很多，这里就不再赘述，只

详细讲解写参考文献时需要注意的细节。

第一行花括号里的文字，是方便在正文中进行论文引用。所以，在命名时也需要注意技巧。不过，这通常和编程一样，每个人有不同的个人习惯，可以怎么方便记忆怎么来。比如我自己，我喜欢用姓+发表时间，如"Xian2023"来命名。如果同年份第一作者有两篇文章发表，则再加后缀a，b来区分，即"Xian2023a""Xian2023b"。用这种命名方式的好处是，不容易导致一个引用对应两篇不同的论文。

第二行至最后一行的次序并不重要，因为LaTeX都能编译识别。以我的示例来看，第二行是论文的标题。这里为便于说明，叠加了冗余的花括号。第一组花括号（与引号功能相同），只是能把论文标题显示出来，但会忽略掉标题的大小写问题。有些期刊要求标题的每个首字母都要大写，此时最合理的做法是：输入文字时，就将首字母大写。但是，LaTeX有可能会将中间大写的字母编译成小写。为了阻止它的发生，最简单的办法是用两对花括号，即{{Wen Zi}}。而有些期刊只要求第一个单词首字母大写，但人名如Newton的首字母以及专有名词的首字母仍需要大写。此时的标注，就不是用两个花括号，而是在该大写的位置增加花括号，即{N}ewton。如果是希望全部字母大写，就将其表达成{GAUSSIAN}即可，编译后会全部变成大写。

第三行是作者信息。这里也是经常导致参考文献不一致的位置。一般可以写成"Zhang, Junping"或者"Junping Zhang"的形式，但如果查找的文献提供信息不全，也可以写成"Zhang, J."或"J. Zhang"的形式。但切记保持一致，也需要如上章一样注意"等等"（et al.）的适用场合。

第四行是期刊的名称，一般要求首字母大写，有些期刊在投稿时要求参考文献使用缩写，如"*IEEE Trans. Intel. Vehic.*"。另外，如果第一行把表1里建议的期刊Bib错写成会议Bib，会导致期刊的格式被编译成会议的形式，出现如"in IEEE Transactions on Intelligent Vehicles"的错误表达。如果是会议的名称，需要尽量减少冗余。比如既有缩写，又有全称的，可以二者选一。对于会议论文投稿，为了节省页面，有的时候可以考虑只写会议的缩写，如CVPR、ECCV。

第五至八行，是论文发表的细节，包括卷、期、页码、发表时间，这些信息都务必要准确。

第九行是出版商。如果出版物是书，那这个信息必须有，甚至要给出版商的地址。如果是期刊或会议，比如IEEE的期刊，因为期刊名字已经包含了IEEE，出版商的信息就没必要一定要写。考虑到LaTeX模板的不同，有些模板即使提供了这一信息，编译时也不会出现，此时写不写就无所谓了。

另外，对参考文献的引用也有一些需要注意的事项。LaTeX默认提供了对应于工具包的宏包\usepackage{cite}。在此基础上，衍生出了\cite, \citep, \citeyear等多种引用格式。如果是IEEE的LaTeX模板，\cite一般会对引用的文献按先后次序自动排序，并将其变成数字形式的引用，如[1]、[2]、[3]等。如果需要将这种数字引用变成上标，则需要在宏包中加入上标选项，即\usepackage[superscript]{cite}。除了数字引用，有些出版社如Elsvier，以及期刊或会议会提供能显示人名的引用宏包"natbib"。如对上文采用\cite{Xian2023}来引用，则正文会显示成"Xian et al.

（2023）"。这样引用的好处是，如果引用是句子的句头，则不需要再另写个作者的说明。如果需要把时间和作者合在一起写，则可以使用\citep{Xian2023}，正文会被编译成"（Xian et al., 2023）"。也可以通过\citeauthor或\citeyear来引用，这样就只会显示作者的名字或论文发表的时间。采用引用的方式，而不是直接输入文字来写论文的相关信息，便于实现交叉引用。这样，在论文阅读时，点击引用符号，就能快速跳到对应的参考文献。有些模板，甚至能在参考文献处看到文章具体在哪一页被引用、被引用了多少次。这种方式可以有效避免将未被引用的论文添加到参考文献中的风险。

最后，还有一点特别需要注意。在毕业论文参考文献撰写时，会议论文的引用格式一般要加上双斜杠，即"[C]//"的形式。其原因在于，双斜杠用来区分专著或论文集与其中的某一篇文献。双斜杠在参考文献中的作用是，表明斜杠前的文献是出自斜杠后的专著或论文集。

如果能在论文提交前，逐篇对参考文献的格式和规范进行严格检查，就能让评审对作者的科研素养有一个相对高的评价，也不会因此对论文主体内容产生较多质疑。古语有云："城门失火，殃及池鱼。"若参考文献出问题，则可能会影响评审对正文的客观评价。

7. 预审：护航大论文质量

大论文写好，似乎就应该到送审环节了。然而，且慢，直接送审有风险。

多数学校限定了送审的次数，例如允许初审一次、复审两次。两次或三次复审不过的话，大论文就可能判定为不合格。这种情况，学生只能暂时结业，等大论文达标后才能申请重新答辩，并在达到要求后再毕业。但这意味着毕业时间被延长，而且由于学生已经结业，随后时间里的不确定因素也增加。另外，连续两次复审不过，导师也存在被取消下一年招硕士生资格的潜在风险。结果，质量不高的论文对学生自己和导师有可能构成双重伤害。

要规避这样的风险，一种方案是与其把不合格的论文直接送审，不如自己人先过一遍，帮助学生把可能出现的问题提前解决掉。这个方案就是利用预审机制。

从某种意义来讲，预审可以有两种形式，"官方的"和"民间的"。"官方的"，即是学院层面组织老师来负责对论文的质量进行评估。"民间的"则是导师自己组织实验室内部成员来对待毕业学生的论文进行评估。两种方式各有其优势和不足，可以只考虑"官方的"，也可以都选。

"官方的"好处是老师对整体规范更清楚，尤其是有经验的老师，可能很快就能发现论文问题所在。不足在于，老师对具体技术细节存在的问题，可能不太容易给出针对研究内容本身的解决方案。而"民间的"优势是都在一个实验室，彼此间更知根知底一些。所以，大家能从具体技术细节方面给出好的建议。不足在于，因为都是学生，在视角上不见得有老师那样好的全局观。

但不管是所谓的"官方的"还是"民间的"，都可以从不同层面给待毕业的学生一些改进的建议，包括论文本身和答辩的报告环节。

这里主要聊聊预审中的预答辩准备，因为它是学生容易忽略、但可对论文质量的提升形成关键影响的一环。另外，预答辩的时间往往会先于论文的完成时间。论文完成度在五到六成时，就可以考虑预答辩。

预答辩的目的，是让学生能在正式答辩要求的规定时间内将自己的工作讲清楚。一般来说，硕士答辩时间约15~30分钟，博士40~45分钟。预答辩时间可以短些，但基本的答辩逻辑是相同的。

然而，学生往往在这个环节上会暴露不少在正式答辩时可能导致失分的问题。一是主次不明，二是逻辑混乱，三是PPT制作水平欠佳，四是时间控制不佳。

首先，主次不明。答辩的目的是要让评审们知道，学生自己工作的贡献具体体现在哪里。这是答辩的重心，也是最需要花时间讲的地方。但总有学生没有把主次分清楚，在报告中花了大量时间去介绍动机、背景和前沿综述，以至于后面根本没有充分的时间去详细介绍自己的工作和创新点。要解决这一问题，学生需要在准备报告时，就预先规划好每个部分（如背景介绍、前沿进展、自己的工作、实验验证、总结、致谢等）需要的时间，从而确保主要的时间是用在介绍论文的主要成果和贡献上的。

其次，逻辑混乱。有些同学在预答辩的时候，完全按自己的想法和逻辑来讲，也不考虑其他人是否听懂了。出现这种问题的原因可能是学生在平时实验室的讨论班里就没有认真做相应的训练和报告，或是过于自信，实则脱离了学术报告应有的逻辑。

这样讲的话，评审听预答辩就等同于煎熬，既无法预估何时能够结束，又抓不住学生想讲的重点在哪。

正确的报告逻辑应该是：先讲清楚前因和背景，讲好这一块能提起评审的兴趣；再介绍前沿进展中及存在的问题，并针对存在的问题来介绍自己的科研成果，以便让评审了解这些成果分别解决了论文中提及的哪些问题、效果如何、局限性还有哪些；如果自己的科研成果发表有一段时间了，还可以考虑聊聊成果目前产生的学术影响力，比如谷歌学术的引用情况或他人对发表论文的评价。

说简单也简单，报告的逻辑就是八股文的格式。但如果不尊重这套逻辑，硬要别出心裁地搞一套奇怪的报告方式，就有可能适得其反。而解决的办法之一，是可以提前反复讲给自己的同学和家人听听，尤其是让对该研究方向陌生的人听听，如果他们能明白报告内的逻辑和道理，那么，参加预答辩的专家也就不至于听不明白。

再次，PPT制作水平欠佳。某些学生担心讲不清楚自己的工作，就喜欢把论文内容一股脑地堆到每张PPT上，恨不得每张PPT上的内容都是满的，每个空间、角落都能利用上才好。这要是让患有密集恐惧症的人来看，估计会觉得相当不舒服。

实际上，答辩更多的还是"讲"的艺术，要让评审在短时间内能听懂，而不是迫使评审通过读PPT了解论文的意义和贡献。答辩时间本来就短，如果每张PPT的字数、图表又特别多，尤其当评审对此方向不太熟悉时，评审基本上无法从PPT里快速抓到重点。

但是，如果字数少，关键信息还能突出，例如用不同颜色如醒目的红色或其他图示来突显，答辩的学生又能浅显易懂地如科普般把工作讲透彻，那听者必然能很快地将讲者报告的内容与PPT上的内容建立起好的关联，如沐春风般地享受听学术报告带来的愉悦感。

要达到这个层次的报告，须学会借鉴和积累。比如现在网上不少论文在线发表后都会提供相应的PPT。学生可以考虑收集那些做得好的PPT，从中总结一些规律，找出一些不错的模板，融会贯通后用到自己的预答辩报告里。积累的意思则是平时在实验室讨论班里，每次报告前都好好准备，通过多次报告不断提升自己的演讲能力。

最后，时间控制不佳。做报告控制不好时间是不少学生的通病，而没有认真准备、不把预答辩当回事的学生则更甚，因为他们可能讲每张PPT的时候，还需要花额外时间思考这张PPT应该如何讲。

比较理想的做法是，对每件事情都要提前做好准备。要预答辩了，那么学生最好先自己提前做一下演练，看看讲完一次的时间需要多长，甚至可以边讲边录。超时的话，可以回看一下，具体是在哪几张PPT里浪费了太长的时间，然后再针对性地压缩不重要的演讲内容。另外，熟能生巧，多试讲几次后，报告的时间也会自然缩短。一旦报告流畅了，评审也会更倾向于相信论文的可信度是高的。

另外，如果想让预答辩的效果好一些，不妨考虑组队答辩。比如，和其他组的研究生一起预答辩。因为没有比较就没有伤害，组队的方式可以让学生看到彼此间的差距，相互学习、借鉴。尤其是可以从那些研究生期间论文成果不错、表达能力好的学生那里学习到不少经验。

好在预审里的预答辩并非正式答辩，更像是场模拟考试，老师或同学们会根据听到的报告来指出问题，帮助学生指出其中的不足。学生也可以尝试在此期间回答老师或同学们提出的疑问并及时修改论文，避免在正式答辩时犯同样的错误。

总之，预审能帮助学生及时发现问题、理清论文的主次、优化报告时间、否定掉不可能通过正式答辩的内容。在某种意义上，它也起到维护研究生、学院、学校在科研方面的整体形象的作用。

8. 外审与答辩：大论文最后两关

如果预审通过，论文也进行了相应的修改，完成度也到位了。那么，就可以进入送审环节。此时，论文的评审齿轮开始正式运转，送审的最大次数也已经被限定，因为送审不可能是无限次的。如果毕业论文的质量始终不过关，重复送审必然是无意义的浪费时间。所以，每一次的评价和送审次数都会影响到学生是否能够拿到学位证。

而对于已经接近最高允许在校年限，但仍未达到毕业要求的研究生来说，送审后的风险更高，因为如果答辩不过关，这些学生就拿不到学位证，可能只有毕业证了。

当然，对于快到毕业最高年限的学生来说，还有个讨巧的做法。就是如果感觉自己到最高年限后毕业仍无望，可以先结业，再用一年时间来提升论文质量，并申请最后一次送审。这样，又多了一年时间。当然，这种做法的前提是，申请结业用的毕业论文没有被大多数评审否定掉。例如，送了3位评审，如果两位认为论文存在大问题，那论文是不给通过的。如果只有一位，那就可以使用这样的策略。

而在校外评审阶段，导师已经没有发言权了，想让导师帮忙也使不上劲了，指责导师前期指导不力更是没有意义。

需要做的就是，等待。

外审时间通常在1个月左右，一般有两种形式，明审或盲审，后者是很多学生比较担忧的，尤其对于在职研究生来说。如果没被抽到盲审，通常会无比开心。但实际上，无论被抽到与否，学生都应该做好自己论文质量的第一责任人，确保论文质量过关。

盲审通常是双盲，即学生论文不能出现泄露个人信息的部分，专家也是随机选择。有些盲审是由专门的学术论文评审网站来负责论文的投递，有些则通过学校建立的盲审专家库来联系有时间的专家评审。不管哪一种，盲审的标准比预审和明审都要严格得多。因此，在这一阶段大论文出问题的概率也高得多。

（1）外审的3种结论

外审的时候，专家可能会给出3种建议：通过、暂缓通过、不通过。后两者都直接影响论文的答辩时间。

"通过"意味着论文不存在问题，或仅有一些诸如打印错误、语言组织欠佳、图表绘制不规范等类型的小问题。这些内容基本上花几天时间就能改完，不会导致论文产生大的变化，也不影响评审对论文主要贡献的肯定。

"暂缓通过"意味着论文还达不到毕业论文正式提交至学位论文系统的水准，需要进行重大修改。这种重大修改往往需要更多时间，不是一周就能解决掉的。比如证明的严谨性存在疏漏、实验比较不充分、缺少一些必要的章节、论文的体系无法形成闭环等。

"不通过"意味着论文根本达不到毕业标准，不能申请随后的答辩。

因为专家看问题的角度是不同的，在决定论文是否通过上，也不会只听一面之词。通常评审的数量是奇数，通过投票来决定。举例来说，如果投票结果为"通过"，那就拿到了答辩资格，可以进入毕业答辩环节。如果投票结果为"暂缓通过"，但仍有送审机会，就可以考虑延期毕业。如果投票结果为"不通过"，但还未达到最大送审次数，也可以申请延期，或先结业，再申请送审，如通过，即可申请答辩。但如果"不通过"，也没有送审机会，无法申请答辩，那就只能结业，没毕业证也没学位证了。

另外还会考虑专家异议的来源。比如3次评审中异议均来自同一专家，其他2位都允许通过的话，那还是会根据情况给学生"通过"并允许其申请答辩。

至于3种情况是如何计算的，一般是看分数。举例来说，评审会从论文选题、文献综述、研究成果、科研水平、论文规范5个维度来综合评判。选题主要是评审研究内容的先进性，是否是国际前沿、国内领先；文献综述可以看出申请人对国内外相关进展的了解情况，以及对自己所做研究的定位是否清晰；研究成果则主要评判工作的创新性以及潜在的理论或实际应用价值；科研水平是从论文工作的难易程度、论文中体现出的理论基础和专业知识情况，以及是否具备独立科研能力来综合给分；论文规范则是按标准论文的尺度来分析。综合加权后的分数会决定论文处在哪个位置。比如75分以下，有可能就是暂缓通过。不及格，自然就是不能过。也有可能是优秀、良好、一般、差4档。然后专家再给出是否同意答辩、需要小修，以及需要重大修改重新送审和不同意4种建议。

另外，评审专家也会就论文的主要贡献、优势与不足等给出需要修改的意见。

获得意见后，下一步是修改和回复。

（2）外审意见回复

外审是特别需要注意的，尤其是盲审的时候。多数情况专家会认真负责，把论文中存在的各种问题指出来。如果学生没有逐个认真解决，评审有可能会因此不给通过。那意味着盲审的次数就减少一次。毕业拿不到学位证的风险也会提高。

从严格意义来讲，外审中的盲审专家是看不到已经发表过的论文的。因此，评审专家的视角更多是从大论文的成体系性、创新点的连贯性、语言表达的逻辑性、综述的前瞻性、参考文献的完整性等方面来评估和提出问题的。

发表过高质量论文的同学，在盲审时同样也要小心，不要以为有足够的论文成果在手，盲审就必过。要小心的原因有二：一方面是因为现在国内高质量论文的发表数量飙升，盲审的标准无形中已经提高；另一方面是因为即使发过高质量论文，也仅仅意味着这些论文被看过论文的几位（匿名）评审认可了，但并不意味着得到了广泛的认可，很有可能换一批评审，意见会相左。以人工智能领域为例，一年单个高端会议的投稿量能超过1万篇。在这种情况下，评审质量就有很高的随机性。有可能出现论文创新性并不高，但被分配的评审不懂行，也给了高分导致论文被接收。因此，大论文在盲审时，如果遇到评审给出负面的意见，也不必惊讶。

对待盲审的意见，一定要认真，因为它与允许送审的次数密切相关。但偏偏有学生不以为意，马虎解决评审的意见。其风险在于，如果评审发现自己提的建议没有得到正面的回复，甚至一个也没改，很有可能会对学生改论文的态度感到不满，有可能不会在第二轮中给出更正面的意见，导致论文得到"不通过"的结论。所以，对评审专家的意见，研究生们一定要积极修改完善，而那些因为评审误解文章内容产生的建议，也应找适当位置向评审澄清。

（3）大论文的答辩环节注意事项

一旦盲审和明审都得到了正面的回复，那么恭喜你，好好准备毕业论文答辩，马上就能打通关了。

毕业论文答辩，一般有报告、提问、回答问题、闭门讨论决议、宣布答辩结果5个环节。答辩的方式，有4种，线下、线上、线下线上混合，还有一种是盲答辩，就是完全看不到评审是谁。对于最后一种，尤其要小心，更要认真准备。

其中，有3点需要注意。第1点是着装，可以稍微正式点，因为答辩结束后，通常有和评审及导师合影的环节。

第2点是精心准备报告，提升答辩分数。答辩是有评分的。包括回答专家提问是否准确、基础知识是否扎实、创新性是否充分、论文综述是否完整等。所以，答辩的学生在准备报告时应该尽可能多地考虑这些因素，有针对性地准备报告。如果有预答辩的经验，这部分的准备会好不少。

第3点是礼貌回答提问。有理有据地回复专家的问题，但不要过于强势，引起不必要的争辩。如果评审和学生争辩起来，收不了场，也有可能会导致答辩不通过。需要注意的是，如果只是针对论文本身的学术问题，而不进行相互的人身攻击，有条件的情况下评审与答辩者展开带点"火药味"的辩论，其实有利于提升双方对论文工作的理解。答辩者能通过辩论发现自己论文在逻辑上的漏洞，可以在最终提交前将其补上。评审也能通过辩论更清楚地了解论文的贡献，而不至于仅是浮在表面认知上。

最后一点是戒骄戒躁。大论文答辩的评审委员会往往是导师邀请的。其实，从评审委员会的名单上基本已能看出一个学生研究生期间学术成果好坏的端倪了。如果足够好，导师往往会邀请圈内知名度高的学者来作评委，甚至有些专家可能是不远千里请过来的。这多少表明导师对本论文的成果是相当满意的，才会希望能让圈内的同行多了解一下论文和论文作者。反之，很有可能导师对论文的满意度是有所保留的。

参考文献

复旦大学博士研究生培养分流退出实施办法[EB/OL]. [2021-12-10]. 复旦大学研究生院.

9. 报告小窍门：如何作报告

虽然答辩的时间不长，但还是有一些普适性的小技巧能够帮助提升评审对申请人的印象。在会议的报告、讲课等场景使用这些技巧也大有好处。

　　要在报告中吸引听众的注意力，眼神的交流也很重要。我以前读博士的时候，在中国科学院合唱团待过近两年的时间。当时的指挥就建议过，如果是在一个大的礼堂里演唱，那么演唱者的视线应该停在前排稍靠后两三排的中间位置，这样从视觉上，听众会觉得歌者在看着自己。作报告，道理也是如此。如果一直盯着自己的电脑，没有眼神的交互，一是不知道台下听众是否真听明白了，二是听众也可能会觉得不受重视而分散注意力。另外，报告中也不能只盯着一个人看，这样会让其他观众觉得没得到关注。

　　报告中站的位置也需要注意。主办方有的时候会提供椅子，让讲者坐着讲。这种方式实际上容易减分，因为听众无法从身体姿态的变化上获得额外的信息。如果身体健康，我比较建议报告人站着讲，而且最好不要站在讲台后面讲，因为这样的话，听众的视觉就会从报告人转到报告上去，而忽略人身体动作所产生的额外信息。

　　人的眼睛在视网膜上有两种视觉细胞：视锥细胞主要位于光线聚焦的中央凹区域，主要负责细节的捕捉；视杆细胞主要散布在中央凹之外的区域，负责感知运动。如果人在报告时，长期待在一个固定的位置、不走动，那么视杆细胞就得不到过多的刺激，从某种意义来说，人就无法获得额外的信息。如果报告人能在讲台上，不定期但不频繁地来回走动，可以更充分地激活视杆细胞，进而刺激大脑对报告内容的摄入。

　　手势是一个很重要的引导方式，因为它既能把讲者的情感表达传递给听众，以防大家听着听着就睡着了，又能通过手势的变化和指向来引导听众更有效地从幻灯片上学习到关键信息。

现在出现了不少辅助或替代手势表达的工具，比如教鞭，还有激光笔。不过激光笔也得注意型号，绿色激光比较容易伤眼，不建议使用。红色激光在某些显示屏上是无法显示的，此时可用鼠标直接在屏幕上指引。而遥控器的使用也能帮助讲者更流畅地完成报告，不用反复走到计算机前去按换页键。需要注意的是，手也不宜长期插在口袋里，坐着讲课也容易把手势的辅助功能抵消一部分。当然，报告时间过长或身体不便时，坐着讲也并非不能接受。

另一个利器是音响。没有话筒的时候，越是后排的听众听到的声音越小，如果讲者声音比较轻柔，那坐在报告厅后面的听众极易听不清楚。而要确保房间最后排的听众也能听到，讲者就不得不提高音量，结果是喉咙极易疲劳，甚至最后哑掉了。如果有话筒及配套设备帮助放大人声时，讲者就不会弄坏嗓子。不过，以我去过很多地方作报告的经验来看，不少教室里的音响设备不尽如人意，往往是声音确实不小，但是似乎没有处理好教室的混响，导致讲者被放大的声音并不清晰，听者听起来仍然很费力。好的音响设备往往能在讲者本身声音小的情况下，播放出干净且铿锵有力的声音，即使是枯燥无味的报告，也能让听众听得毫无睡意。

最后，也要学会控制时间。有经验的讲者尤其是老师，能够按要求将时间控制到不差毫厘。掌握这些小技巧，就能通过报告有效宣传自己的科研成果或顺利完成答辩了。

10. 合作新工具：善用合作写作模式

如小论文一样，大论文的修改有时不只作者一人。尤其是当论文难产时，实验室同门的帮助就很重要。而小论文也经常是由多人合作完成的。其原因是：现代科研，很少有论文是独立作者完成的，多数都是由多家单位或实验室的同学们等合作完成，它能发挥"集思广益"的优势。群策群力下，研究的内容能够做到更严谨，也能降低论文被拒稿的风险。为了提高合作撰写论文的效率，通常采用串行修改法，即一个人写完，另一个人再提意见修改。比如学生改完，再请导师改；导师改好后返回给学生继续改，如此重复下去。还有些老师改论文喜欢将文章打印出来，直接在文章上用颜色笔改。它的好处是比电子版更容易发现问题。但这两种情况都需要进行反复迭代多轮的串行式论文修改，效率是比较低的。

更高效的方式，是合作者们同时对论文进行修改。

要实现同时修改，那当然不是大家拿着同一个键盘在上面改论文。如果是这样，那叫钢琴四手甚至八手联弹。要实现同时改论文，需要借助新型的论文修改平台。我读博士的时候，还没有这样方便的技术。

目前常用的论文共同修改平台有两个：一个是中文的、更适用 Word 编辑的腾讯文档；另一个是适合英文、更适用 LaTeX 编辑的 Overleaf。

这两种软件的共同优点，一是上传方便。用户直接把论文上传至平台即可。比如，Overleaf 可以自动将上传的 LaTeX 源文件的压缩包解压，然后逐个进行编译。二是基于互联网平台操作，无地域限制，修改者不仅限于实验室内部成员，还可以是来自不同城市，以及不同国家的合作者。合作起来极其方便。三是有版本回溯功能。如果发现有改得不对的地方，用户可以通过该功能返回正确的版本。另外，付费版还带有历史记录功能。可以通过历史记录，看到谁在何时对论文进行了修改。这也就很好地避免了没有道理地猜测对方是否在偷懒的情况，也能通过查看其他作者改动的方式，学习更为优秀的论文写作技巧。四是可以通过批注，让合作者知道改动了哪些内容，为什么要改，以及怎么改等信息。通过这样的处理，可以帮助初学者快速提高论文写作水平和排版水平。

对有些性急的导师来说，有的时候教学生改一遍的时间还不如自己重写快。所以，在具备共同修改功能的平台上，这种类型的导师有可能会在 Overleaf 上主动将看到的问题全改掉。然后再叮嘱学生通过历史记录功能，来学习导师的修改技巧。

需要注意的是，两个平台也存在不同之处。Word 采用"所见即所得"的编辑模式，腾讯文档兼容了这一功能。而 LaTeX 则需要编译，但其好处是版面可以自己控制。这种控制可以精细到公式的排版、图片的精确比例调整等。当然，文科的学生可能用不到 LaTeX 和 Overleaf，所以推荐使用腾讯文档一类的适合 Word 文字处理的版本控制软件，而理工科学生则可优先考虑 LaTeX 和 Overleaf。

11. 第三方赋能：论文写作润色

论文除了通过合作修改以外，还有一种方式，是利用第三方机构来帮助润色，尤其是在投稿英文主期刊或会议时，可以考虑使用这种方法。

其原因在于，国人写论文时，在用词上并不是特别专业和准确。单靠查英汉双语词典来获得的英语单词意思并不一定是准确的，而英英词典的解释往往更地道。

但由于科研人员阅读的科技论文一般专业性极强、词汇量偏少，想从论文中学习英语的地道用法，并不是太容易。

另外，在投稿国际期刊或会议时，有时候会因为英文表达不专业，收到相对负面的评审意见。最常见的几种与英文表达不好相关的评审意见包括：①作者应该找个native speaker（母语使用者）来看一下论文；②论文的英文表达很poor（差）；③论文的英文错误太多，严重影响评审对论文的评价。更有甚者，某些评审见到中式英文的表达方式就直接拒稿，根本不会细读论文。

要解决这些问题，一种是提前准备，在论文投稿前，先寻找合适的英文润色机构来帮助修改，在语言表达没有问题后再投。另一种是，在收到评审意见后，可以考虑在完成论文修改后（准备提交前），邀请第三方机构来润色。还有一种是，出版方在论文正式出版前，为防止正刊中出现不合适的英文表达，也可能会邀请第三方机构来修改论文。

这些都可能需要作者支付一定的费用，通常费用的高低与页面或字数的多少成正比。而需要自己进行选择时，一定要考虑性价比，根据自己的经费情况量力而行。既不要找那些贵得离谱的，也不要只找收费低的，避免出现超预算或改完不如不改的情况。

需要注意的是，第三方润色机构通常缺少专业背景，仅对论文的英文表达进行修改，而对论文中需要有的专业表述并不见得十分清楚。因此，作者需要对润色后的论文进行仔细检查、纠错，确保论文中各个句子的意思，没有被润色机构改错。当然，作者也可以询问同行，请他们推荐曾长期合作的润色机构。因为这些机构对本领域已经有一定的熟悉程度，能更好地保留论文的原意在润色中不被歪曲，从而提高论文的润色质量。

除了质量，润色机构的返修时间也得考量。信誉特别好、生意应接不暇的润色机构，有可能要排档期，导致论文返回的时间不尽如人意，甚至有可能做不到在论文截稿期前完成修改。所以，切记要了解润色机构平均返回修改论文的时间。

最后，还需要注意润色机构对论文的保密性和安全性是否做得足够好。尤其是尚未发表的论文，更需要小心，不要找自己完全不熟悉的润色机构，避免自己的科研成果被不法的润色机构送人，导致被其他作者提前发表，或者比较要紧的核心数据、算法等被泄露，那样就得不偿失了。

12.6 种延期剖析：研究生如何按时毕业

对研究生来说，按时毕业最理想不过。对老师来说，学生按时毕业，老师便能腾出时间指导其他学生，经费可以重新分配，机位也能腾出给新学生使用。然而，理想与实际总会有差距，尤其考虑到越来越多的学校对研究生毕业前发表的小论文有了硬性指标的前提下，延期毕业的情况并不鲜见。

需要指出的是，不少人以为研究生延期就是不好的事情，但事实上延期也要分情况，并非都不好，需要区别对待。

延期的原因有很多，我在这里主要对6种延期情况进行剖析。

（1）时间节点没把握好。导师一般都会按时间节点来把握学生的科研进度，这是根据其长期指导学生的经验总结出来的。然而，正如父母给小孩建议一样，小孩很少会牢记并遵守。所以，导师虽然会给善意建议，但学生并不一定会当回事。学生没有切身的感受和高度的自律时，很难控制好科研进度，尤其是喜欢拖延时间的学生。

结果，要么是符合学校毕业要求的小论文没投出去，要么是过分自信，一直假想自己写的论文，会受到评审的表扬而非批评，肯定能顺利被接收。按这样的理想情况来给自己估计毕业时间。一旦论文中遇到重大修改或被拒达不到要求时，学生就只能申请延期毕业。

这种情况，对导师来说，也非常尴尬。为了帮助学生达到毕业要求，导师可能不得不将高质量的成果投至低一档甚至低好几档、但评审周期快的期刊和会议，导致成果的变现值偏低，甚至毫无意义。另外，论文的修改也变得尤其仓促，因而对于改出来的论文，导师可能并不满意，但为了学生能达到毕业要求，只能勉强按时间提交。

（2）大论文达不到毕业要求，只能申请延期。多数毕业论文提交的时间点，是与项目申请的节点相冲突的。比如年初的时候会与国家自然科学基金的申请相冲突。两利相对取其重，导师有可能会优先考虑项目申请的相关事宜，毕竟这对实验室的整体发展更重要。此时，学生如果没有对论文的整体规划时间打好提前量，也会影响论文的修改进度。

除了文字修改，更麻烦的是补实验。有的时候可能出现，一个平台原来能用，但维护平台的团队解散了，导致平台无法再使用；或者平台依赖的硬件环境损毁，导致无法再复现原有的方案。还有可能研究的方向本身出了问题，无法再复现。比如研究某颗彗星的轨迹，突然彗星被流星击中，碎得不知所终。

但针对已提交的论文，如果评审提出要补实验，那就只能干瞪眼了。要避免这些情况的出现，研究生需要尽可能多地打好提前量，早早完成论文，避免节外生枝。

如前所述，专硕是允许不发表小论文就有大论文的。然而，它面临着巨大的风险，因为没有第三方的数据支持，实际上大论文的评审无法判断论文中的方法是否真实有效，实验的可信性也会大打折扣，因此这种论文在抽查时容易引起评审怀疑进而给出负面意见。这也会引起延期。

（3）杂事多。没有真正花时间学做科研，3年时间主要用来上课、准备各种实习、面试或出国考试。临近毕业时，学生们认为还能用本科时的学习技巧，临时抱佛脚赶出一篇有质量的毕业论文。殊不知，研究生毕业论文的要求比本科毕业论文还是要高不少，科研里的未知因素也远比确定性的考试多很多。学生这样对待科研，科研也会以高概率的延期毕业对待学生。

（4）项目冲突。目前学校的科研经费一般由纵向和横向两部分组成。纵向是国家或地方相关机构拨款。横向则是与企业合作。因为僧多粥少，前者申请成功率一般偏低。以国家自然科学基金方面的项目为例，对一个学校来说，大约有20%的命中率就已经相当不错了。另外，纵向经费支持力度小，往往不足以覆盖一个实验室的全年经费支出。此时，就需要通过横向经费的项目来进行补充。但横向经费的项目，在时间节点上和目标导向上的要求更为精细。如果参与项目的学生是主力成员，那么其一旦毕业，有可能会让项目未完成的后续工作接手变得困难。尤其是在项目完成度没达标的情况下，主力成员一撤可能会严重影响项目的推进。比如需要编程的项目，让其他学生来接手，在没有注释的情况下，有可能还不如重写。为解决这个问题，只能要求将要毕业的学生打好提前量，确保项目文档和代码注释清晰，尽可能让其他学生能顺利接手。

（5）主动延期。学生尚未找到理想工作或在考虑出国而申请延期。这一般是学生从自身的发展情况考虑，主动要求延期，以便能够有足够的缓冲时间来获得更好的待遇或发展空间。例如，毕业时间比出国申请的时候早半年，或大规模秋招的时间比毕业时间晚半年，这都可能导致学生主动延期毕业。

（6）志向远大型延期。学生希望利用读博士学位的时间多发些高质量的论文，形成方向性的突破。这种学生不多见，但并非没有。如在国外有些名校，好文章不少，但七八年仍未毕业的博士生也有。当然，从国内的情况来看，这种做法虽值得鼓励，但不建议。学生不妨考虑按期毕业，再争取博士后机会，这样更有利于随后的职业竞争和晋升。

还有两种反向操作，是提前毕业和降低档次毕业。前者是论文达到要求，学分修够。后者是博士水平达不到，但已经达到硕士标准，如一些硕博连读的学生。该学生有可能是希望创业，但继续读博士会错过创业的最佳时间窗口；也有可能是博士时间过长，已经看不到希望，只能申请以硕士身份毕业。

需要提醒的是，人生很长，读博读硕的时间相对较短，毕业后有多个可以加速的阶段和超越的机会。所以，不必因为延期毕业就认为自己以后在年龄上会存在劣势。事实上，一旦进入工作岗位，年龄的差异会迅速被抹平。

第三部分

创新进阶

科研的目标之一是创新，但对于哪些成果算创新，并没有统一的答案，有"短平快"的创新，有解决关键问题的创新，有看上去没用但可能蕴含巨大潜力的创新，有"从0到1"的创新，诸如此类。而对创新成果的评价，既有共识也有误区。

从科研创新的能力保持和传承来看，对研究生来说，即使毕业了也应该学会不断"充电"。对导师来说，培养学生到毕业只是短期目标，长远目标是建成学术树、做有组织的科研。另外，要获得好的创新成果，有时需要把自己的专业思维模式或专家身份抛弃，像外行一样思考。我们也需要注意，并非一味勤勉，就一定能在科研道路上"铁杵磨成针"，当发现前路是条"死胡同"时，还得学会放弃并换赛道。不仅如此，我们还得注意科研伦理、形成隐私保护与维护数据安全的意识。最后，科研是有风险的，它不只是指科研本身的风险，还在提醒研究生要时刻遵守安全规范，保证个人人身安全和实验室安全。

1. 挑肥拣瘦：舌尖上的人工智能

这两年，在出门下馆子的时候，我观察了一下，现在餐饮业相较以前还是有了些许变化。火锅店多了，烤肉烤鱼各种烧烤的店多了，牛蛙店也多了，还有遍地的饮品店。这些店不少还是连锁型的。

而以前那些菜式需要精炒的店铺占比却少了不少。乍看上去，似乎餐饮行业正在向易于流水线作业的模式逐渐转变。

究其原因，也不难理解。与精炒的菜式相比，火锅店、烤肉店、烤鱼店和饮料店都极大降低了对厨师做菜水平的要求，基本功也不需要太扎实，只要把食材处理干净，其他操作要么像火锅店、烤肉店那样交给顾客，要么按固定配比即可完成。甚至食材也不用自己处理，近来备受热议的预制菜已经把这项工艺直接接管了。

好处也是明显的，尤其在当下偏好以评分来选择吃饭地点的时代。毕竟，通过固定配比获得的口味，稳定性要好得多，也因此容易在各大美食餐饮相关的App平台上形成高分，方便给用户优先推荐，马太效应也会引来更多的客源。

同时，这种流水线的运营模式也能吸引更多餐饮业主继续沿这一模式开新店或连锁店。毕竟学习成本低，易于上手，可复现能力强，经营便捷，也符合现代人生活的快节奏。只要把餐厅内的服务做得足够周到，环境装饰得更舒适，就行了。若还兼营外卖的话，只要保证按时送达就够了。

但是，它是否真的保留了传统做菜方式的灵魂呢？是否会把那些曾经舌尖上的美味变成稀有品或淘汰呢？

有可能，因为经营压力，经营者会更倾向于选择前者，而放弃无法大规模生产、也无法稳定赢利的舌尖上的美食。所以，有的时候美食也不是人们想选就有得选的。你可能只能从市场中可提供的美食中进行选择。以至于有人说，这也是餐饮业的一种"劣币驱逐良币"现象。

事实上，在科学研究领域，人工智能近年来的发展何尝不是如此呢？

虽然不是餐饮业，但人工智能也在走着同餐饮业类似的发展路线。

自2012年以来，随着深度学习的崛起，人工智能方向的研究已经逐渐同质化。大家都开始认识到深度模型、大数据和强算力的重要性。近10年来，多数的突破都是在这3个方向上努力的结果。要么把模型做深，要么对数据进行真实和虚拟的扩增，要么把硬件环境做得足够强大，电力消耗惊人也在所不惜。值得注意的是，2025年新推出的深度求索DeepSeek在轻量级大模型方面形成了大的突破，显著降低了对硬件的需求。

不仅如此，深度学习端到端的设计理念，也产生了"拉平效应"和"同化效应"的作用。"拉平"就是指厨师之间的水平差异不明显了，一级厨师在这个时代没有明显的优势。人工智能科研人员的情况也类似。因为很多模型的代码或配方都是公开的，就像预制菜一样。大家要研究点新模型，只需要模块化对着预制菜做点小修小改就行了，主要的时间消耗在模型的调参优化上，而不是钻研相对困难的基础理论上。

"同化"则是指不太容易区分餐饮业之间的差异。烤鱼、烤肉、火锅、牛蛙，虽然它们在食材、制作工艺上有所区别，但大的道理似乎差不多，都是半成品的预制食材加上相对成熟的流水线作业模式。人工智能也是，只要是能与人工智能沾得上边的各个行业，都可以套在人工智能的大框架下来做相应的工作。交通监控、人脸识别、电力系统控制、无人驾驶，诸如此类，均可以视为不同背景下的"食材"或数据。将数据引入可以流水线作业的深度模型，再根据行业特色稍作调整。重点是后期的服务要做好，才有利于成果转化和实际应用。

因为门槛降低，利润却不少，所以，乐意从事这个行业的人变多了。比如深度学习里骨干网络的稳定使用，让食客们可以进行个性化的选择。于是就像餐饮业一样，这十余年来，因为基本套路都相似，互相之间好比较；而有了规模效应后，也容易变现成论文。于是，在人工智能领域发表的论文数量飞速地攀升，人工智能企业也如雨后春笋般落地。大家对这种"短平快"的科研创新方式乐此不疲。

然而，我们也不难发现，在流水线作业的背后，越来越少见那些有灵魂的、需要慢工出细活的菜品了。哪怕是个水煮活鱼，有的时候连服务员也不太推荐食客点这道菜了，因为准备鱼的时间太长，有可能会影响餐桌的翻台率。在人工智能领域也是如此，如果一个问题需要的理论基础太深，解决问题的难度过大，相关的科研人员有可能就直接跳过。优先级往往会偏向容易变现的科研方向或应用。

实际上，人工智能这种"挑肥拣瘦"的现象也不是现在就有了。早在1991年，布鲁克斯（Brooks）在其《没有表征的智能》中就指出过。他认为，自人工智能研究开始，人工智能科研人员就始终偏好做容易变现、落地的研究，而对困难问题往往选择性地忽视。比如智能的基础是感知，在没有出现自然语言或认知之前，就有了只依赖于感知的智能体。那么，跳过感知去研究认知，并不一定符合人工智能的发展规律。"计算机之父""人工智能之父"图灵在其1950年的文章中也指出过，人工智能的研究有两条路线：一条从抽象出发，另一条是像父母带小孩一样。但到底哪条路线能给人类带来真正的智能，是需要谨慎思考的。

而最近ChatGPT、GPT-4、GPT-4 Turbo的进展似乎也让人们再次看到了实现强人工智能、通用人工智能的希望。从其表现出来的对话性能来看，确确实实，它们让人感觉已经有点接近人的智能和思考模式的味道了。但事实上，这仍然是弱人工智能，仅仅是看起来像。要达到强人工智能水平，可能就好比飞机与鸟的关系。目前，依赖于算法、大数据、算力的人工智能就像是在造飞机。但飞机自莱特兄弟开始，120多年了，飞得越来越远，载客量越来越大，但我们至今也还没有造出一种完全像鸟的飞行物。想要设计出像鸟一样的智能体，也许我们需要换条全新的路线。

造飞机，无疑是件好事，因为可以看到非常明显的落地和赢利模式。但迫于经营压力，有可能会像餐饮业一样，真正有灵魂的"厨师"很可能被放弃或被淹没掉。在极端情况下，有可能连通向真正强人工智能的通道和绝技都失传了。

而对于希望从事人工智能行业的学生来说，到底该不该选择这种流水线作业的模式进行研究呢？我很难用一句话说清楚。因为一个人的人生是有限的，作为硕士研究生或博士研究生攻坚科学问题的时间更是短暂，不过是3~5年。在已经能看到前景的方向上，做点能快速找到成就感的创新研究也无可厚非。但是，如果这一方向或路线最终被证明是行不通的，已经选定该方向的学生有可能就很难有机会完成向新兴方向的转型。

尤其是0到1的科研创新，并非0.6到1那样，简单增加些或嫁接些新内容就行了。有的时候需要的可能是几代人的努力，甚至有可能完全不清楚中间进程的意义在哪里。但这些有灵魂的"厨师"，我们同样需要给他们留些空间，哪怕他们偶尔做的新菜不好吃、似乎啥用也没有，也不应该让他们被单一的逐利性淘汰了。

2. 看上去没用：这种科研值得做吗？

科研的魅力在于它的不可预测性，很多眼前看上去没用的科研，在未来也许是价值巨大的。

研究生读研很容易感到困惑的一点是：有些研究似乎毫无意义，为什么要做呢？

这里需要明白4点。

第一，科研本身是一种探索。如对某个方向的可行性分析，可能在彻底失败之前，没有人能确定此路是否可通。此时的探索性研究是为了最终能找到可以成功突破的方向。

以我们实验室在步态识别方面的工作为例。虽然2010年就曾在模式识别领域的国际高端期刊上发表过"时间不变步态模板"的方法。该方法也曾被同年发表的文章用第三方数据集验证了有效性。但随之而来的结果是，我们有8年时间没有找到能比该方法更具创新性的成果。虽然也发表了一些成果，但只能算是一些小的改进，对步态识别领域没有明显贡献。直到2019年，我们才有一项有明显性能提升的工作——"步态集合"（GaitSet）方法。与其他同期方法相比，在可解释性、预测性能等方面均有显著的创新。该方法在随后三四年也得到了同领域大量的引用。试想想，如果我们实验室不是因为坚持在此方向上继续探索，那是很难有新的、重要的突破的。

第二，科研本身是超前于现实的。比如数论的研究自古就有，从公元前300年古希腊数学家欧几里得寻找素数的数量开始，至今约2500年。但古人显然不清楚这项研究有啥实际应用。从门外汉的角度看，这也许就是一帮数学家玩的数字游戏。谁曾想到20世纪，数论的研究居然可以应用于密码学。

这里还有一个有趣的例子，2022年菲尔兹奖得主韩裔数学家许埈珥曾主动申请上一门叫"交换代数"的课程。问其原因时，他说："给学生讲课时，我多少能做一些有用的事。但做研究的时候，大多数时候做的都是无用功。"但就是这样的无用功，让他这样一个主修天文学和物理学，而非数学专业的首尔大学本科生，因为听了一学期来校访问的数学家广中平佑的课后，赴美读博，从事组合几何的研究。他因为在组合几何攻克了一系列大难题，获得了数学界的诺贝尔奖——授予年轻数学家的菲尔茨奖。这可以说是，最初本无心插柳，却依然在数学界柳成荫的结果。

第三，科研本身是一种能力培养。即使对眼前的学生而言，看上去没用的研究也能帮着学生形成良好的科研素养，包括文献阅读搜索能力、理论证明能力、实验分析能力、论文撰写能力等。这些能力养成后，在毕业后转向其他科研方向或参加工作，都不需要再从头开始训练，只要融会贯通便能助力新方向。

第四，它也是培养科研人员好奇心的一种途径。科研方向的选择多是源于研究人员的兴趣或好奇心。而通过兴趣或好奇心形成的创新，尤其是大的创新，一般与功利较少相关。

记得以前耐克球鞋有个广告语"Just Do It"。实际上科研也差不多，如果感兴趣，就不能太在意别人怎么看，也不必在意眼前是否能形成应用性成果，只管投入研究即可。

只有这样，研究者才愿意花时间去思考，去啃研究方向里的硬骨头，才容易产生影响力大的成果，尤其是0到1的突破式科研。

3. 0到1：4种科研模式

相比于在已有成果基础上进行再创新而言，0到1远比想象的要困难得多，因为有可能完全不知道如何开始；也有可能是即使开始了，也不知道其最终的目的和意义是什么；还有可能是因为开始后，中间经历的一系列失败足以让人分分钟想放弃。

那么，什么是0到1呢？有多种说法，这里举几个例子来分析一下。

一是国外有，国内没有。比如当年的原子弹研究。国外已经有成熟的装备，但未公开核心技术，而国内没有。此时，通过举国体制，上规模，采用有组织的科研、利用集体智慧进行技术攻关，最终形成了在此方向上从无到有的突破。类似的，还有各种飞机型号的研制。这是一种0到1的突破，主要的特点是知道它可以成功，但具体的技术路线由于对方进行了保密，需要自己摸索。

成功=辛勤努力+正确方法+少说空话

阿尔伯特·爱因斯坦

物理学家·思想家·和平卫士

▶ 图3.3-1 爱因斯坦

二是国内国外都没有。这里又可以分成两种情况。一种是对原有理论体系的推倒重来。比如物理学里的两朵"乌云"。在19世纪末时，物理学家们都在感叹物理学的殿堂快完成了，新的理论将要终结，只有两朵乌云还尚未解决。一朵是迈克耳孙和莫雷做的光速测试实验，俗称"MM实验"，始终没有解决光速的准确值和宇宙是否存在以太的问题。另一朵是黑体辐射实验，即研究密封空腔中的电磁场的辐射能量情况。基于统计物理学的瑞利－金斯公式在1905年时能很好地解释长波或高温时，能量密度与波长的关系，但对短波时能量密度迅速单调上升却一筹莫展。而基于热力学的维恩公式则对短波段是吻合的，但长波段不行。两个公式都不能完全解释全波段的能量密度。这一严重缺陷在物理学史上被称为"紫外灾难"。

在这种情况下，针对第一朵乌云，爱因斯坦大胆地进行了光速不变的假设，辅之以运动相对性的假设，提出了狭义相对论，之后又考虑了加速度不变的等效原理，推出了广义相对论，实现了在宇观层面的物理学突破。

针对第二朵乌云，普朗克则提出了能统一两种辐射的通用公式，且发现这种统一的前提是需要有一个与之前假设连续性不同的概念，即能量不连续的谐振子，且对于频率不同的谐振子，最小能量是频率乘上其自定义的普朗克常量。虽然一开始他并不确信自己的直觉是对的，但随着越来越多的物理学家如薛定谔、泡利等人在这一方向的研究探索，最终形成了面向微观世界的量子力学。而相对论和量子力学的出现，让物理学翻开了新的一页，这是依赖于直觉和大胆猜测形成的0到1的突破。

另一种则是完全意想不到结局的0到1，因为它的跨度时间相当长。比如生物中有种甲虫，它在遇到危险时，会喷出温度近100摄氏度的液体吓阻天敌。然后，这种高温液体并非始终存在于甲虫体内。相反，它是分成三种不会产生高温的物质分别存放于体内的不同位置。只有危险来临时，这三种化学物质才会一起喷出，并产生化学反应，形成高温液体。然而，从进化论的角度来看，三种化学物质单独进化并没有特别明显的意义。类似的，还有在深海中进化出"灯"来的深海鮟鱇，其第一背鳍的鳍棘进化成的吻触手在产生光亮之前也不会产生实际的意义。

更让人熟悉的是人眼。它可以看成是人的大脑的一部分。因为发育过程，是先发育大脑，然后再从大脑中分裂出眼球所需的各个元件。然而，这些元件的演化，在人的视觉能够感受环境之前似乎也毫无用处。

▶ **图3.3-2** 深海鮟鱇卡通画

不管是甲虫、深海鱼，还是人的眼睛，在进化的过程中，必然经历过无数次的接近最终目标，也经历过无数次的远离，所以，有的时候，将其演变过程称为演化更合适，因为后者允许失败。但一旦成功，便是0到1的完成。

这种0到1的实现，显然很难用某个学生在研究生阶段的成功和失败来评价科研方向性的得失，因为可能需要好几届研究生，甚至好几代科研人员的努力，才能产生巨大的创新成果。

所以，有的时候，过分关心眼前成果的影响力，不一定能产生0到1的创新。而且，影响力本身也存在不靠谱的"高"引用和不正常的"低"引用，需要学会鉴别。

4. 影响力误区：不靠谱的"高"引用

不管是大论文还是小论文，从科研的角度，是不期望这些论文发表后，就被束之高阁、无人问津的，多数研究者还是期望其论文对相关研究方向有一定的借鉴作用。

如果能有足够高的引用率，那多少表明工作是得到同行肯定的。然而，由于评价体系的原因，这个"高"有时会有虚高的情况，也不必过分乐观，而要谨慎对待"高"的评价。

论文发表前就经过同行评议的往往优于未经过的，因为即使资深的科研工作者也不见得能确保论文是完美无缺的，总有百密一疏的可能性。要么实验比较不全、参数分析不深入，要么文献跟踪不完整、新文章没看到，诸如此类。结果便是，没有经过修改，而直接被接收的论文极少。最终发表的文章，往往是根据评审意见反复修改后、呈现的最终版本。这也是仅在线发表的论文（如在 arXiv 上发表的），有的时候并不被同行认可的原因之一，因为仅在线发表的论文没有经历严格的同行评议。

那么，是否发表就完事了呢？其实没有。此时的论文，还需要经过时间的检验和读者的评价，毕竟同行评议再好，充其量也不过来自屈指可数的几位评审。有的时候，甚至无法保证同行评价的质量。比如人工智能近年来的会议，动不动就上万篇投稿，想找到能匹配这个数量级和会议同水平级的评审，几乎是不可能的，结果，就导致了一些实际上达不到该会议档次或评审经验不够丰富的科研人员，当了评审；导致一些达不到该会议档次的论文，也被接收。而在线发表的，质量就更加参差不齐。比如，有些作者为了能尽快"占坑"，不让成果被其他研究组抢先发表，可能会在理论、算法或实验的严谨性上有所牺牲。

既然发表了，要怎么去评判发表后论文的质量。抛开发表论文的期刊或会议的档次不说，一个重要的指标是看引用，因为它反映了相关领域科研人员对该论文的重视程度。然而，引用有不少误区，在次数、来源、人三方面都存在，需要小心甄别。

一是引用的次数。通常来说，引用次数越多，越能反映论文的影响力。不过，引用次数并非只有一条赛道。比如图书馆查新里涉及的引用次数，往往是指SCI他引次数。这个次数既要去除作者自己引自己成果的部分，又要去除掉非SCI期刊引用论文的次数。所以，它的引用次数一般不容易得到高的值。

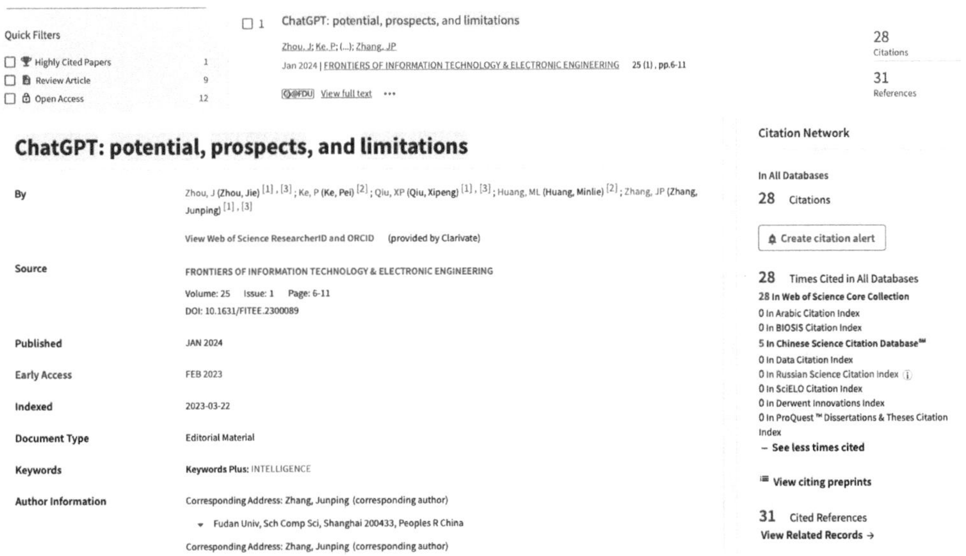

▶ **图3.4-1**　论文SCI检索示例，来源于Web of Science。其中左上角的奖杯图标代表高被引论文（本文没有获得）。点开28次引用后，能看到更为详细的引用情况

值得指出的是，SCI他引次数对于某些专业并不公平。比如计算机科学，整个学科为了追求短平快的科研成果发表，推崇会议。结果，论文的引用也多是会议引会议的。如果按SCI查他引，显然会吃亏。好在谷歌推出了一个谷歌引用次数，计

算机学科一般会用它来评估。然而，网络搜索的次数也不是百分之百靠谱，毕竟里面的引用次数也是用人工智能技术搜索和统计的。计算机学科的科研人员比老百姓更清楚人工智能能力的局限性，所以，一般也只会说"据不完全统计，本论文的谷歌引用是多少次"，而不会认定自己论文的引用次数是百分百精准的。

当然，还有些方向在引用次数上会更加吃亏，比如从事数学研究的。不少数学专业相关的科研人员研究的内容，可能只有他自己能看懂或深入研究过，尤其是那种一上来就四五十页全是公式证明的论文。其他人想沿他的路继续走都很难，自然就谈不上多少引用了。于是，数学界为了强调一项工作的重要性，会换另一种评价准则，比如用在国际数学家大会上的发言时间来作为重要指标，45分钟的报告才是重量级的。而数学界在毕业论文的评价中，如中国科学院数学所，也并不强调一定要在期刊或会议上发表小论文，只要评审认可大论文里的成果即可。

但是，有指标就有提升的办法。数学大家丘成桐在他的自传《我的几何人生：丘成桐自传》中谈过一段国际数学家大会的轶事，有兴趣的读者可以去看看。

事实上，单谈引用次数，是有漏洞的。比如引用次数来自同一个或同类型的低档次期刊或会议。这种次数看上去多，有些甚至有助于进入ESI高被引的门槛，但其实意义不大，是"虚高"。也有少量引用是权力寻租式引用，比如有些国外期刊的国际编委，在审稿时，会要求引用其发表的文章，是"假高"。另外，有些论文里的研究成果可能并非真实靠谱的，然后被其他组一边抨击一边置疑地引用着。这种负面的高，是"抨击高"。

还有一种，是"卷高"。这是期刊为了扩大自身的影响力，追求高SCI影响因子导致的。一般表现为，期刊编辑部会要求投稿论文增加对该期刊的引用，结果间接导致了在该期刊发表的论文引用率增加。这倒也可以理解，毕竟期刊也要生存，也希望有更好的论文投稿。

除此以外，有一种短期内发现不了的"伪高"。它是由于论文的成果本身有造假，但由于认识的不足而误以为有用。比如2006年发表在《自然》上，关于老年痴呆症即阿尔茨海默病的致病原因，是β淀粉样蛋白的文章。该文章有2000次以上的引用，但最终被认为实际上误导了该病的研究，且浪费了大量NIH（美国国立卫生研究院）的经费投入。

所以，用引用次数来判断论文的质量，需要先做一下细分，而非笼统地只看次数，才比较科学。

二是引用的来源。如前所述，有些引用次数虽然高，但可能多数来自低档期刊或会议。从统计意义来讲，它意味着该领域缺少主流科研团体跟进这一研究。或者反过来说，研究的内容，可能是旁枝末节，而非该领域当前关心的核心问题。这种高，是"偏门高"。在这种情况下，光看引用，有可能会产生误导，尤其会误导那些刚进来读研的学生，让他们对研究方向的前景产生错误判断。当然，这里需要与那些冷门但含金量高的研究区分开来。而对热门研究来说，也应该避免为了追求高引用次数，仅通过小修小改获得的"灌水高"论文。

三是引用的人。华山论剑，大家都期望自己的工作，能被"高端人士"看到和引用。所以，在评估论文的影响力时，也很自然地会看看有没有这类型的引用。比如论文被某一篇文章引用了，恰好该文章作者列表中有一位是IEEE Fellow（电气电子工程师学会会士），或者是某国科学院院士。那一般值得提一下，因为这可以表明论文得到了大牛的认可。但事实上，这有个误区，即这些大咖可能并没有看过被引用的论文。从逻辑上讲，论文的主角一般是第一作者和/或学生。参考文献的形成，主要来自他在形成创新想法前和撰写论文期间的文献阅读。而论文里的大咖，则主要负责对论文总体的把握，以及论文存在的技术问题、概念问题、实验问题、语言问题的修改和建议。但对于参考文献中的内容，是否有充分时间来阅读，是值得商榷的。所以，即使其参与的文章引用了某论文，也并不意味着大咖本人真的读过该论文。然而，现阶段，不少科研人员为突出自己论文的影响，有时会跳过其他作者，而强调其论文的引用源自某重量级大咖。这或许是费时又不得已的"攀比高"，不利于论文影响力的公平比较。

那么，什么样的引用才是真正有含金量的呢？我觉得反而不会太复杂。最好的成果，必然是经得起时间考验的、能进入正规教材的。稍次一点的，应该是该领域的多数研究，在一定时间内，会在此成果基础上持续推进，且能让人在改进成果中看到最初成果的思想、影子或框架。再次，是新论文的实验部分，会与发表的论文进行详尽的实验比较或分析，甚至采用原文的整个实验设计方案。这些，才真正表明一项科研成果得到了同行的真正认可，才是我们应该在未来若干年一起去追的"高"引用论文。

参考文献

丘成桐. 我的几何人生：丘成桐自传[M]. 南京：译林出版社，2021.

5. 影响力误区：不正常的“低”引用

除了不靠谱的“高”引用，对应的，还有不正常的“低”引用。这个低，不仅是引用次数上，还体现在引用的程度上。

先讲正面的“低”引。一般讲论文引用，从大道理来说，是尽量不要引用特别低档的期刊或会议上的论文，尤其是在自己的研究领域内完全没听说过的。因为这会让评审觉得作者调研文献的底线有点低，在良莠不齐地乱看，进而会质疑作者的科研素质。这种情况是能低尽量低引，可称为遵守科研规范的“避引”。

但偏偏有些作者不信邪，或不太愿意遵守学术圈的陈规，或只想追求论文发表的短平快，导致好的研究成果埋没在低档期刊或会议上。类似地，还有因为论文题目取得过偏，导致成果无法被同行看到或通过关键词检索到。这两种都是比较可惜的低引用，是“憾引”。

还有语言方面引发的“低”引用。比如苏联的很多先进成果都优先发在本国期刊上，俄文撰写。非俄语国家和地区的人要么看不懂，要么看不到，或者滞后一段时间（通过翻译）才能看到。结果，国际上在某些领域发表的用英文写成的“新”成果，按发表时间算，实际上是落后于苏联的研究成果。所以由于论文用非英文写作导致其成果未得到应有的关注也是一种“低”引的情况。

　　另外，还有"滞"引导致的暂时"低"引。这是因为其想法过于超前以至于无法被认同，高档期刊怕担风险拒绝发表，作者只能找不知名期刊发表。比如美国科学家卡尔曼1960年提出的、在自动化领域关于最优控制理论的奠基性论文，就只能发表在《墨西哥数学学会通报》上。好在他的成果最终还是为学术界所认可，得到了高的引用和正面评价。这可以算迟来的爱。

　　也有些成果是以不利于被引用的形式呈现，比如只是一篇微博之类的。例如，计算机视觉和图像处理领域常用于检测图像中目标边缘的索贝尔（Sobel）算子。早些年在算力不是特别强的时候，这个算子曾经被极为广泛地采用，以实现对图像中水平和垂直边缘的快速检测。但却极少有论文引用过提出该算子的原文。原因在于，该算子是作者Irwin Sobel（欧文·索贝尔）在1968年斯坦福大学人工智能项目组的一次博士生讨论组会上，与参会的一位研究生Gary Feldman（加里·费尔德曼）共同提出的。这是一种3乘3的各向同性的梯度算子，但作者并没将其发表。后来，1973年Duda（杜达）和Hart（哈特）合作的专著*Pattern Classification and Scene Analysis*出版，也只是将这一算子作为注释出现。而数字图像课程里，冈萨雷斯写的经典教材《数字图像处理》，也没说这个算子的由来。直到2014年2月欧文·索贝尔才撰文详细回顾了此算子的来龙去脉。以至于索贝尔算子成了一项进入了教材、高应用但却是零引用的方法。

　　还有一种情况，是同行已经将此成果看成是约定俗成、公理般的存在，而不再引用，导致其原有的高引用，再过几年后渐变成低引用。但它这种"隐性式"低引同样值得尊重。

-1	0	1		1	2	1
-2	0	2		0	0	0
-1	0	1		-1	-2	-1

▶ **图3.5-1**　Sobel算子的水平和垂直模板

以上说的低引都是正面的，也有些低引是负面的。

一种是太过优秀的研究成果，有可能把这个方向的潜力在短期内直接挖干净了，后来者比也比不过。此时，同行们会有意识地避开此文，以免大家都在论文发表上没饭吃。

类似但略有差异的，还有做同一个方向的，明知道此方向上有相似思路的新成果出来了，但不进行引用；或者虽是隔得很远的方向提出来的，但与本方向的研究思路一致，也不进行引用。这两种情况都是由担心降低论文的原创性导致的不引。

当然，有些文章也会引用。但是，有意不大引特引，而是在综述的某个合起来引用的位置，比如标注了参考文献序码[3-7]，其中的文献[5]就属于隐晦的引用。表面上看，文章确实是引用了，但正文没有公平公正地分析与该文创新点的相似处和实验性能差异，直接忽略了被引文的核心创新和与自己文章的强关联。

还有一种低引是耐人寻味的，就是审稿期间避开对某关键文章的引用，误导评审对自己工作创新性的判断。但在发表后，又引用该文，改变对创新性描述的措辞，比如将论文的某些创新点从"We proposed"（我们提出了）弱化成"We introduced"（我们引入了），以避免正式发表后可能引起的攻击。这是不应该出现的低引。

不管是低引还是高引，一项好的成果，都应该做到正面、客观地引用相关研究的论文，这样才利于科研生态的良性循环。

参考文献

1. Irwin Sobel. History and definition of the so-called "Sobel Operator", more appropriately names the Sobel-Feldman operator [EB/OL]. (2014-02-02) [2022-08-08].

2. 彭真明. Sobel算子的数学基础[EB/OL]. (2018-10-06)[2022-08-08].科学网.

6. 破五唯：科研要记住的是名字而非帽子

2022年上学期，我带的本科课程"数字图像处理"课堂上，人数远少于预期，只有6个学生，我感觉挺郁闷的，也不知道上学期哪做错了。好在我的研究生课"高级机器学习"有70多人，多少平衡了点。另外，线下课改成线上课后，也没那么郁闷了，因为无论是几个人，还是几十人，在线上上课后，就没有空空课堂那么大的心理落差了。

不过既然是上课，就得认真上，与人多人少无关。一如既往，我在本科课上穿插了很多图像处理相关的、新的理念方法，也会给大家讲点返璞归真、大道至简的案例。比如上到第五章图像还原时，我会提一下2009年计算机视觉高端会议CVPR

（IEEE国际计算机视觉与模式识别会议，IEEE Conference on Computer Vision and Pattern Recognition），以及会上何恺明第一次拿到"最佳论文"的那篇关于去雾模型的文章，因为它也是通过建模方式来还原去雾前的图像，属于图像还原范畴。

虽然是"最佳论文"，但看它的思路，其实如果认真听过图像处理课那就很好理解。它的两个关键步，一是局部找颜色通道的最小值，二是再从局部图像块上找最小值。两个合并起来，称为暗通道先验（Dark Channel Prior）。为什么要在颜色通道找最小值呢？如果学过彩色图像处理这一章，就知道，饱和度的概念，和这个是一致的。饱和度越高，颜色越鲜明，它掺杂雾的可能性就越小，它被阴影遮住的可能性也越小。所以，认真学好图像处理，就能更好地理解作者提出这一去雾模型的动机。

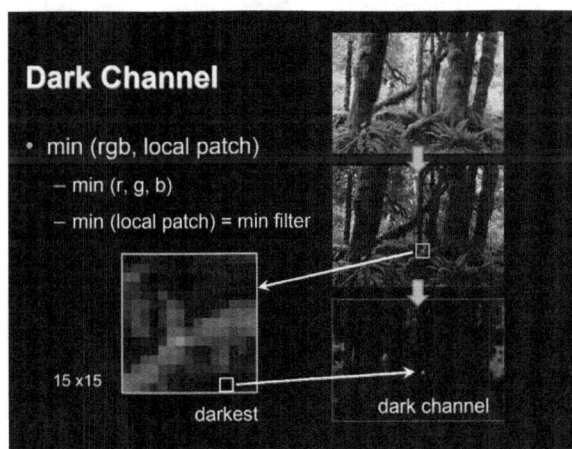

▶ **图3.6-1　暗通道先验**[1]

但是光有这个概念还不行，细节决定成败。只做了这一步的结果，并不能帮助模型获得像素级的处理结果。所以，作者又增加了一个"Matting"。这是来自图形学领域的概念，在当时也是广受关注的，因为它能帮助PS（Photoshop软件）在剪出照片上的人脸时把头发丝都不差毫厘地从背景中分离出来，类似于软剪刀的功能。恰好作者之一孙剑自2003年就已经开始研究Matting技术，并在图形学高端会议SIGGRAPH（计算机图形图像特别兴趣小组）上发表过相关论文。因此，很自然地将这一技巧用于去雾模型的精细化。实验表明，将暗通道先验与Matting模型结合后，便有了让人眼前一亮的去雾结果。拿到当年CVPR的"最佳论文"，也理所当然了。

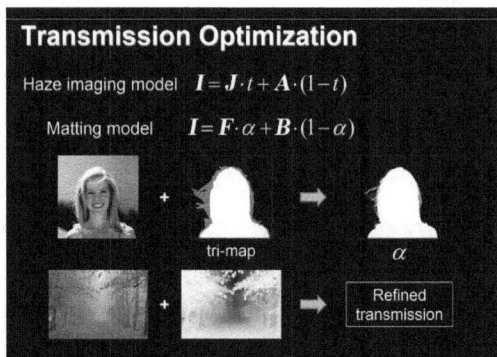

▶ **图3.6-2**　Matting思想[1]

▶ **图3.6-3**　去雾效果[1]

在讲图像压缩一章时，我会跟大家分析如何把编码做得更短、压缩程度更大。一般来说，信息越集中，越有利于压缩。所以，在不考虑图像像素间的关系、信道上又为无误差传输时，接近香农第一采样定律的块随机变量编码方式是最优的。但图像像素间往往是相关的，此时如果通过相减方式来获得残差，则可以把编码长度进一步压缩。这一点，可以通过像素的分布和像素残差分布，直观看出来，后者的分布更为集中。说到这里，我又会跳到 CVPR 2016 何恺明再次拿到"最佳论文"的工作——残差神经网络（ResNet）。我跟同学们说，抛开层次的深度不说，想想，为什么要用残差来进行训练呢？不就是因为它的分布更为集中，在模型寻优中更容易找到最优解吗？那为什么要用跳连接呢？这是为了不损失掉原有的信息。可是直觉归直觉，要真正做好，还是细节决定的。

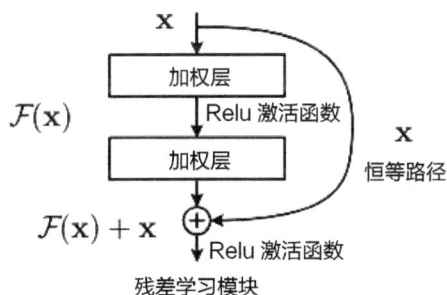

▶ **图3.6-4　残差网的局部模块**[2]

讲完这些，我跟同学们说了更有意思的事，就是两篇论文的作者。第一篇的作者何恺明、汤晓鸥、孙剑，实际上也是人工智能界的3位著名学者，均来自中国。何恺明是2003年的广东高考状元，汤晓鸥和孙剑都曾是微软亚洲研究院的同事，后来汤晓鸥于2014年创立了商汤科技，孙剑则于2016年加入旷视科技。在国内人工智能企业里，形成了所谓"南商汤、北旷视"的局面，颇像我当年看过的中国香港亚洲电视拍摄的电视剧《再向虎山行》里江湖人称的"南沧海、北铁山，一岳擎天绝世间"。而第二篇论文的作者，则仍然以何恺明和孙剑为主。而且，这篇文章提出的残差网，在近十年来，一直被大多数深度学习研究者当成"骨干网"在使用

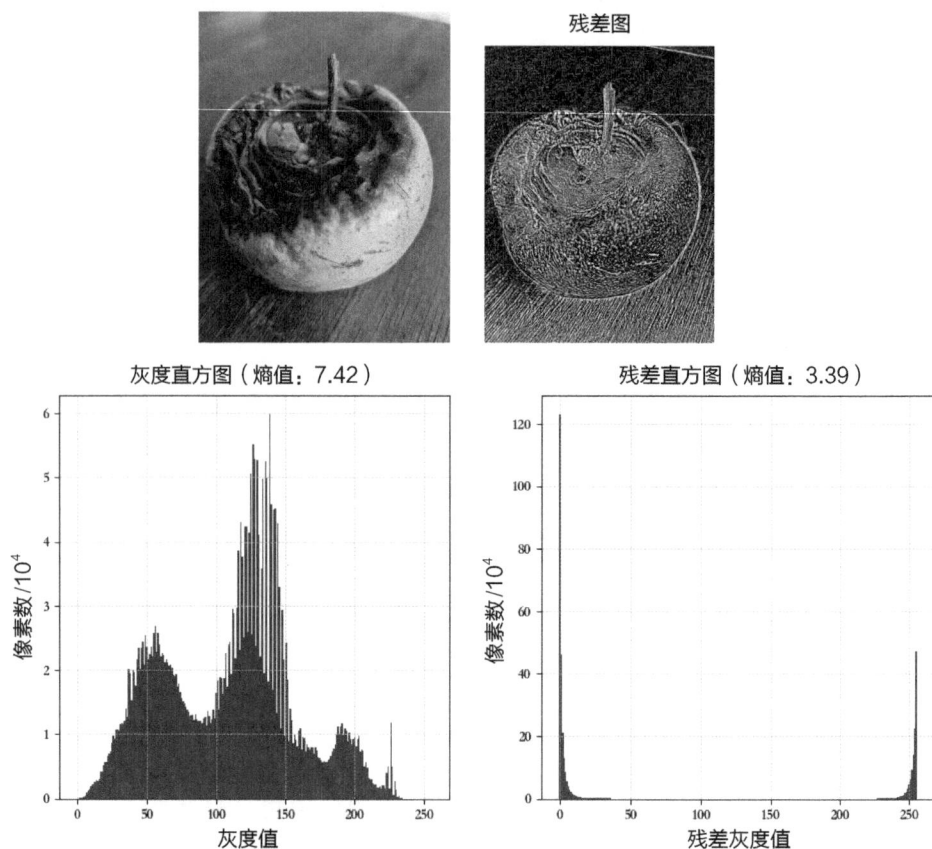

▶ **图3.6-5** 左上：自然腐烂的苹果照片；右上：照片缩小至1/2再通过常规图像技术处理回原尺寸的残差图；左下：图像灰度值分布与其对应的信息熵；右下：图像残差灰度值分布与其对应的信息熵。熵越小，表明其越容易用较短的编码来压缩。

着，可见其性能是多么让人信服。两位作者的名字，也一并为大家记住了。提到何恺明，提到孙剑，大家都能说出他们的贡献是什么。

实际上，对个人来说，这是科研的最高境界。

我以前说科研，一般喜欢说王国维的三重境界：一境，"昨夜西风凋碧树。独上高楼，望尽天涯路"；二境，"衣带渐宽终不悔，为伊消得人憔悴"；三境，"众里寻他千百度，蓦然回首，那人却在，灯火阑珊处"。

这三境，都是在科研探索道路上走向成功需要经历的。

但对个人来说，我认为让大家记住名字更重要，尤其是在"破五唯"的时代，即需要破除"唯论文、唯帽子、唯职称、唯学历、唯奖项"的时代。

从科研的角度来看，论文本质上是用来交流和宣传学术进展的。对学生来说，也是自己科研能力的佐证，是读研期间必不可少的环节。但也不应该仅仅为了论文的数量而做低质量的成果叠加和重复性的微小创新。

"帽子"，虽然是作为对科研人员有突出成果的一种认可方式而出现的，但应该只作为个人科研能力达到一定程度后的锦上添花，而不应让其变成人生追求、科研院校追求的终极目标，否则有可能会造成学术圈的不良竞争，导致科研能力的整体下滑。其他"唯"类似。

唯有名字，是人出生就有了，一般也不会轻易改。一旦因为科研成果卓越，而被人记住名字了，这是一辈子的殊荣，不会因"帽子"多少而被忘记，也不会被人只记得"帽子"却忘了名字。

但要做到这一点，却又比论文、"帽子"要难，因为只有当非常有代表性的成果出现时，才可能让人记住名字。但也唯有这样，也许才能真正推动我国的科研水平整体向前更快地发展。

所以，做科研，当如何恺明、孙剑等一样，能因为突出的科研成果而让人记住名字。

参考文献

1. Kaiming He, Jian Sun, Xiaoou Tang. Single image haze removal using dark channel prior. in IEEE Conference on Computer Vision and Pattern Recognition, 2009, 1956-1963.

2. Kaiming He, Xiangyu Zhang, Shaoqing Ren, Jian Sun. Deep residual learning for image recognition. in IEEE Conference on Computer Vision and Pattern Recognition, 2016, 770-778.

7. 楚门的世界：假作真时真亦假

美国影星金·凯瑞有部很著名的电影，中文名叫《楚门的世界》。他饰演的是主角楚门。每天他都非常开心地生活、工作着，愉快地和邻里打招呼，有时会莫名其妙地被穿着广告衫的朋友拉着、在某个地点固定聊个半天，甚至还会有路人跑过来精心拍几张照片。偶尔走在路上，会被暴雨淋湿，但打击来得快、去得也快。总的来看，一切过得都是那么地丝滑、完美。除了小时候父亲坠海消失带来的阴影，让他不得不远离小镇附近的大海。

然而，不知道哪天起，他感觉他的生活有一丝丝不对劲，似乎总有人在暗中观察他，或有意识地在周而复始地重复着某些事。最后，他通过自己的尝试发现了小镇的秘密。原来，他是一个全球电视真人秀的主角，小镇上的人除了他以外全是演员。他的一言一行都被收看节目的观众关注着。所谓的大海只是为了防止他知道事情的真相，逃出小镇。而楚门世界的真相，在他鼓起勇气，闯入其一直担心溺水的大海，行船到大海的尽头，触碰到如天空般的穹顶时，被完全揭开了。

实际上，每个人生活在这个世界上，或多或少都处在一个类似的楚门的世界里，因为每个人的视野有限，只可能看到自己能看到的部分，无法了解全貌，也就容易不自觉地夸大自己在很多科研工作、生活中的能力。

研究生在硕士或博士的科研过程中，也可能困在楚门的世界而不自知，或自愿沉溺其中。这种情况是多方面原因造成的，但往往到毕业后就原形毕露，发现自己的科研实力明显不如读研读博时期好。在发现问题、提出问题、解决问题方面，感觉自己不如之前那么有效。在论文发表上也总是不顺心，甚至被一拒再拒，导致科研的热情被严重打击。想要争取项目，似乎也很艰难。到底是自己之前的科研能力强，毕业后科研水平下降了，还是其他原因呢？

从某种意义来看，这是"楚门的世界"的一种表现。

那么，哪些情况会让人陷入"楚门的科研世界"呢？我这里总结了以下这些情况。

先是论文的发表。《自然》杂志上有文章曾做过研究，如果合作者是诺奖级别的，论文被接收的概率会增加50%。它表明同样质量或水平的论文，在只改变作者的身份时，就有可能增加论文在高档次期刊或会议上发表的概率。如果再进一步，一篇论文合作者、合作单位多了，评审有时会不看僧面看佛面，自然也会提高论文接收的概率。

这种情况在匿名评审的时候会好一些，但由于现在很多匿名并非真匿名，比如有些论文在投稿前有可能先期投到在线论文发表网站如arXiv上，因而匿名文章的作者很容易就被搜索出来了，这会引起一些假匿名情况的出现。对学生来说，这是一种形式的"楚门"科研。

另外，不少学校、学会喜欢给论文发表的期刊或会议定档次。举例来说，如果没记错，给计算机领域相关期刊和会议定档的源头是从新加坡的某所学校的研究机构开始的。但有定档就有"江湖"，就有可能把一些不是那么好的期刊或会议定成大家都开心的档次，比如"DDE-B"档，比"DDE-A"低，比"DDE-C"档及以下要好，但却是不少学校研究生毕业的标准。于是就有学生会为了方便毕业，把关注点定在"DDE-B"档里面滥竽充数的会议或期刊上。

结果是，看起来符合毕业标准的"科研水平"达到了，但实际的科研水平相差甚远。这是另一种"楚门"的科研。

再从论文本身来看。初次写论文的学生应该都有体会，导师的修改力度非常大。不说面目全非，最终版本简直就是导师完全重写的。那如果始终依赖导师和/或合作者的修改，而自己的行文水平、行文的逻辑严密性没有提高的话，这也是给自己自建了一个楚门的世界。

除了论文的写作，在研究生生涯的其他方面也可能会存在类似的情况。比如，实验平台是师兄师姐搭好的，模型的参数进校前就已经调好；研究方向是在之前基础上的小修小改，或简单的应用领域转换；研究领域本身做得人少或方向相对小众，导致在这一领域研究时，看起来成果很大，实际上却不在主流上；读研期间所在的学校知名度高，或者院系在学科方向上比较强。这也会或多或少成为论文的录取的便利条件。

当处于楚门的世界，学生容易快速获得成就感。好的一面是，它有可能让学生对科研产生大的兴趣，逐渐走出楚门，形成强的独立科研能力。不好的一面是，也可能会因此形成骄傲的心态，极端情况甚至目空一切。后者显然是比较麻烦的。

那么，如何避免这种"虚幻成就感"的发生呢？

从科研能力来讲，提升内功，是必要的一步。

而从心态上讲，保持谦虚的品质也很重要。毕竟山外有山，人外有人；更何况科研方向上，往往不会只有一个人在这条路上走，更常见的是有着非常多研究兴趣相同的同伴。所以，也得多参加各类学术活动，多尝试做学术报告。看得多了，听得多了，就能更清楚自己的科研水平，也知道该从哪些方面弥补不足。记得有位资深的老师曾跟我说过，研究生在做研究的过程中，会有一个从不懂、到似懂非懂、到懂、再回到发现自己并不懂的阶段。

正所谓，路漫漫其修远兮，吾将上下而求索。

除此以外，在学术影响力方面，研究生也应力求通过努力后，在自己的研究方向上做到青出于蓝而胜于蓝。只有形成独立科研能力，才有可能像楚门一样揭开大海与天空间相连的那块板，走出楚门的世界，成为真正的科研人员。不过，这个独立，并非导师在毕业鉴定表上写了"该生具备了独立科研能力"，就真的有了。

8. 业精于勤：读研与汽车驾驶艺术

读研3年、读博4年，学业完成会有一本毕业证、一本学位证书，前者认可了学习时长，后者认可了学习能力，即具备了基本的独立科研能力。但是否毕业了，能力就超凡脱俗了呢？显然不是，这和考驾照有异曲同工的地方。

▶ **图3.8-1** 高速公路的车流

在驾校学车，需要练习的平均驾驶里程为100千米。而通过了科目一至科目四的考试，则意味着驾驶员具备了基本的驾驶技术。但要学会处理复杂路况，100千米远远不够，更何况这100千米的驾驶绝大部分还是师傅也在车上看着完成的。

所以，拿到驾照只是万里长征刚起步。要熟练运用驾驶技术，还要积累更长程的驾驶经验。不然，只能是个本本族，没多久就不知道如何开车，久而久之便失去驾驶的本事。

一般来说，驾驶经验的获得是与实际驾驶车程密切相关的。我个人以为，可能需要4000千米的驾驶距离，才可以小心翼翼地说自己"会"驾驶了。

趁着天气还不错，2024年7月中旬我自驾往返了湖南老家一趟，单程1100千米，早上5点从上海出发，晚上6点到家，平均时速约85千米。虽然多数路段限速是120千米每小时，并且顶着限速开，但实际上路上会碰到各种状况，还得下车休息、加油，算下来这个平均时速，自认为已经是安全驾驶意义下的最优值了。

在高速上行车，一般有几种情况。第一种情况是空无一车。此时，只需跟着既定的导航方向，在安全限速情况下，稳定行驶即可。压力也不大，节奏完全由自己来掌握。但这种状态如果持续时间长、路程也长，神经与感觉器官会因为长时间保持相当紧张的状态而产生疲劳，以至于降低了司机对突发状况反应的敏感性，从而会有引发交通事故的风险。所以，高速路在建造的时候，不会一直给直线的路线，总是会制造些弯道，以防止驾驶员出现这种不该有的意外。我在长途驾驶中，为了避免这个问题的出现，一般不会开启车辆的自动巡航功能，而会在适当的时候，在确保后方无车的前提下，通过变换车道来主动保持自身的反应能力不下降。

第二种情况是遭遇到车队。这种情况一般是因为你的行车速度快于车队的平均车速。另外，车队平均车速慢有可能是因为存在木桶效应。即有一辆车开得慢，或少数几辆车开得慢还并排开，导致车速在此节点变慢，继而形成了"慢"车队。春节或国庆假期期间，高速路上遇到某一辆车开得慢的情况比较多，因为有不少新手会开车上高速。如果大家都保守地慢慢开，那意味着你得做出选择，要么从众，要么想办法超过车队。

表面上看，从众很安全，但实际上并非如此。因为车都被挤在一起了，应有的车与车之间的安全距离不一定能被车主们保持住。另外，因为还都是在高速行驶且车流量大，车与车发生交通意外的概率也会增加。一旦有人突然刹车，很有可能出现连环撞这样比较大的交通事故，导致该通行方向出现非常大的拥堵和停滞。

而要从车队中脱离出去，显然又不能用自己在空路上能开的速度来完成。只能不显山露水式地一点一点往前挪。也还得有耐心，因为超车的机会不是一直都有的，需要等待。看到有空当，比如本来并行的两辆车出现了足够超车的间距，就得当机立断，毫不犹豫地踩油门超过去。最终量变总能引起质变，从慢速车流中脱颖而出，重新回到高速公路上应有的车速。

第三种情况是碰到"牛"车了，它的表现是带有一定攻击性的。有些车是先天性能就好的，瞬间加速能力太强。有些是驾驶员胆大心细，能把车的性能发挥到极致。前者不是想追就能追得上的，天赋在那。如果追得上，有可能是因为驾驶员不想开太快。而后者，则需要自己掂量一下自己，看是否水平相当。另外，高速的限速实际上已经把多数车的性能都做了约束，所以，对驾驶不同性能车的车主来说，也还算公平。

有一次回上海的路上，为了能降低自己的疲劳感，提升长途驾车的注意力和兴奋度，我用我开的现代IX35跟了一辆宝马100多千米。途中，越过了一个又一个的车流。最终，因为我车前盖的一块密封胶皮撑不住，从盖子那翻转了出来，把车前盖变成了欢乐的打击乐器，我才不得不找服务区停车整理而放弃跟车了。毕竟我这车有11年车龄了，不服老也不行，需要量力而为之。

这只是高速驾驶时能碰到的3种典型情况。而在真正驾驶中，碰到的状况会更多、更复杂。比如突遇瓢泼大雨，如何行驶，如何打灯？比如在碰到大型货车时，如何在确保安全的前提下超车？比如"鬼探头"现象如何避免？

不管何种情况，对驾驶员来说，要想让自己的驾驶水平始终处在安全线以上且能优于多数驾驶员的水平，一是要小心驾驶，二是要多练，做到人车合一。

科研能力也是如此，需要将读研习得的能力变成像汽车驾驶艺术一样。当这种能力变成潜意识的行为时，人与科研能力就合二为一了，创新的基本路线也会比较稳定。以后遇到类似的科研问题，就能一通百通。

但要做到这点，需要谨记韩愈《进学解》里的一句名言：

"业精于勤，荒于嬉；行成于思，毁于随。"

简单来说，就是得练，也要讲武德。

谨以此文致敬罗伯特·M. 波西格的《禅与摩托车维修艺术》！

9. 出国求学：取其精华，去其糟粕

明白了业精于勤，就得不断充电，提高业务能力。一种可行的策略是出国求学，它能帮助科研人员在创新思路上互补。

一是思维模式上的互补。科研需要创新思维，虽然在组内、院内、学校内的学习，也能学到好的思维模式，而且目前国内的科研成果确实也不输他国，比如在某些领域高质量论文发表的数量，我国已经遥遥领先。

但多点角度看问题，总是有好处的。由于从小到大的教育模式上，国内与国外存在较大的差异，思维模式上也会有很多不同，尤其在探索科学问题、解决问题方面。比如美国的公立小学，不少可能一个班只有一个老师包教全科；有些小学就已经有墙展海报交流的活动，这对于科研的启蒙是有帮助的。而我国在小学的基础教育尤其是数学则是非常强的。而到了博士阶段，科研方面的培养机制，也有很大差异。所以，出国去看看，了解一下国外的科研模式，取其精华，去其糟粕，有助于促进自己科研能力的提升。

二是先进技术的学习。国内虽然发展迅猛，但未突破的关键技术领域还有不少。出国能了解与先进技术上存在的差距，回国后才有可能做到有的放矢。鲁迅在1934年写的《拿来主义》就强调过要重视学习外国的先进技术和经验。他提到："没有拿来的，人不能自成为新人，没有拿来的，文艺不能自成为新文艺。"其实，

科研也应该是如此。

三是文化的学习。古语说，读万卷书，行万里路。出国学习，不能像旅游一样，待个三两天，拍个到此一游的照片、短视频就行了，需要相对长时间的融入和居住，才能全方位了解当地的风土人情，更好地思考科研创新的来源。举例来说，画家艾舍尔在荷兰海牙故居有个艾舍尔博物馆。他的循环、无限、空间错觉的画非常著名，但他的这种独特画法并非无中生有。如果有机会去那儿，能仔细看看他在博物馆里的展品，就会发现他的视角也是逐渐转化的。最初的画，他是到山上去寻找绘画的视角，然后又从窗户往上看，寻找新的绘画角度，通过不断的思考，最终有了如《不可能的瀑布》《循环楼梯》这样的杰作。后来，科普作家侯世达将他的画作、巴赫的管风琴作品和哥德尔的不确定原理放在一起，写成了人工智能的著名科普书《哥德尔、艾舍尔、巴赫——集异璧之大成》。所以，正所谓，处处皆可学习，皆可辩证地学习。通过行万里路，我们也能从非科研的地方，学到不少有助于科研的思维模式。

而关于出国的时机，根据个人情况的不同，有以下一些方式：①本科阶段。不少学校提供本科交流、交换生的机会。这往往是一个假期或一个学期的交流。一般可以到对方的学校选修相关的课程，或去实验室参与某些课题。科研做得好的，有可能可以用在交流学校做的相关科研成果，再去申请随后的硕士或博士入学资格。而课程方面，则需要注意是否可以与国内相关专业的课程在学分上置换。如果可以，就不影响自己的学习和绩点，也不需要再额外花时间去获得毕业要求的学分。

②硕士阶段。硕士阶段的出国主要包括两种，一是投稿参加国际会议方式的出国，二是硕士毕业申请出国读博士。前者重点是通过学术交流，亲自了解国际科研动态。它比单纯的阅读文献会有更多面对面讨论的机会，也能了解国际上相关研究方向的学者对其科研进展的深度解读，也能因此认识潜在的国际合作伙伴或老师。而有关硕士毕业出国，需要考虑性价比问题。因为有些学校不认国内的硕士学位，以至于出国攻博可能不是3年，而是7年。加上国内的3年硕士，实际的读研究生时间将达到10年，性价比偏低。③博士阶段。与硕士相同，如果经费充足，博士也可以参加学术会议。同时，还有可能通过与国际相关学院的合作项目去访问交流。在博士毕业后，还可以申请去国外做博士后。通过博士后阶段，进一步提升自己的科研实力。④参加工作后，一方面仍然能申请博士后，从目前的国内政策看，不少学校是允许博士入职后，去国外做一段时间的博士后；另一方面也可以利用国家基金的支持来申请访问学者。

不管哪一种，出国留学都或多或少地帮助科研人员增长见识、提升创新能力。除了出国留学，实际上，利用好学校的教学资源也是一种提升创新能力的渠道。

10. 教学：科研创新的摇篮与灵魂

学校一般有两种类型，教学科研型和纯教学型；科研院所则以科研为主。在纯教学型学校，老师上课的工作量一般很大；教学科研型学校则更偏重科研。在教学科研型学校的教师评估体系中，往往科研的比重占得更多。即使有岗位向教学倾斜，相对人数也不多。以至于不少老师，可能会轻看上课的作用，甚至敷衍上课，只把课本上的内容讲完就了事。极端情况下，说不定都有照PPT念的。

然而，对研究生来说，除了导师这边能够获得科研相关的知识以外，从选修、必修的课程中也能吸取新的知识、理念，帮助其形成创新思维，尤其是研究生上的课程。所以，任课老师对课程上的仔细打磨就极为重要。

要打磨好一门课程，尤其是研究生课程，需要让其内容与时俱进，因为采用的教材，往往由相对稳定的内容组成。比如我教授的"数字图像处理"课，采用的教材是冈萨雷斯的同名书，书中的内容多是十年前的，且相对基础。而图像处理发展非常快，尤其近十年，人工智能里的深度学习将计算机视觉、图像处理几乎都统一到一个框架下来研究。由脸书Facebook变身的Meta公司最近还推出了分割一切模型（Segment Anything Model，SAM），而之前不少科研人员甚至以为图像分割往后都不用再研究了。如果课程没有涵盖这些新的进展以及对其不足的分析，那很有可能课程里关于图像分割的内容没教完就已经落伍了。书本里面的经典概念是否还适用，学生都不清楚。而如果老师经常留意科研进展，或者活跃在科研一线，就有可能第一时间把这些更新的知识传授给学生，让学生在课程学习中形成前沿视角。

除了任课老师对课程的雕琢，学生也可以根据自己的情况来选课。从选课的角度来看，可以选择：①心仪的老师教授的课程；②热门课程；③自己好奇但以前没时间学的课程；④跨专业但与本研究方向相关的课程；⑤教自己如何高质量读研、高质量写论文的课程。

心仪可能是因为这位老师在科研方向或教学方面知名度颇高；热门可能是因为老师讲得好，或是课程好、有前景。比如我校的陶艺课，基本上是抢课一秒空；而人工智能领域近年来与深度学习相关的课程，也座无虚席。

而跨专业选课也是不错的学习模式，比如复旦大学有不少优势学科，如数学；而人工智能方向里有不少内容与数学和统计密切相关。研究生如果希望把数学学得更为扎实，并能从中寻找灵感，就可以考虑跨学院去数学系选课。当然，也别过度自信，我见过不少去数学系选最简单的概率论课程时，没听几节课就乖乖退课了，因为数学系的课可能假定了选课学生已经具备了数学专业的基础，所以一上来讲的内容，就已经超出人工智能专业学生的认知水平。听不懂第一节课，只能看懂课程的大纲，其他内容自然只能就此别过了。但是，如果不追求学分，硬着头皮当选修课听听，只要能坚持下来，还是有好处的。另外，人工智能中有些研究方向源自交叉学科，如果没对其保持一定的敏感性和了解，可能很容易就错过相关的研究。比如早年人工智能的研究中，寻求对两类数据的划分，有个引用率极高的分类算法，其提出的动机源自计算几何学。如果研究生只知道人工智能专业内的课程，对跨学科的计算几何缺乏了解，那自然就很难从计算几何的角度去想到这样的创新。

除了学知识，在听课的过程中还能学习老师的思考方式。每个老师之所以能成为老师，在教学模式上必然有其独特之处。而科研排名相对越靠前的学校，其老师越需要有更为扎实的科研成果和教学经验。因此，即使上的课程并非老师擅长的研究方向，但也应该能从老师的讲课方式、思维逻辑上学到些许有效的研究方法。

所以，一线科研工作者也不妨多教教课。因为自己能指导的研究生数量毕竟是有限的，但通过授课，却可以把自己的科研观念、思维方式、科研经验等这些带着自己灵魂的东西，传授给更多的学生，从而间接帮助学生形成"创新性"思维习惯，也能附带着帮助学院甚至学校提升总的科研水平。

但是，创新并非一定是对本专业或本研究方向钻研很深后才能产生。有的时候，不懂反而更容易想到好的创新点子。

11. 创新思维：外行式思考，专家级实操

有次跟朋友聊天，说起近年来好像不少圈里没听说过的人，却在相关方向创业了，感觉特神奇。明明这里面有很多搞不定的问题存在，为啥还敢往里跳呢？

仔细分析原因后，大家笑着认为，只有像外行一样思考，你才敢想敢干。如果像专家一样思考，那就会发现这也干不了，那也干不了，也就没法创业了。

但再反过来想想，创新也许就需要像外行一样去思考，跳出三界外，不在五行中，你才能有别样的思考角度和更强的原创力。

究其原因，是因为如果长期在一个方向钻研，容易形成解决问题的思维定式。这种思维能对熟悉的研究方向产生连续的创新，因为非常清楚问题都在哪里，但通常是小修小改式的改进，也都是能够想得到的方向和结果。在取得成果的同时，它也会消耗掉本可以用于思考大问题、困难问题的时间。同时，不断产出的成果也会让人陷到舒适圈里，宁愿在这种相对稳定、易于成功的科研模式上一直走下去，跳不出来。

但刚进入研究领域的学生还没有这种定式思维。他们从事科研的初始状态，就像还没上小学的小孩，经常会讲出一些意想不到的话语，但听起来又非常独特有思想。这些新研究生，一方面有着初生牛犊不怕虎的胆量，另一方面由于所受的教育模式、成长的经历不同，容易产生不同于导师习惯的定式思维以外的、大胆且创新性强的想法。

所以，如果期望大的创新，在学生能力还不错且自律性强的前提下，导师不妨留些时间允许他们做自由探索，不要一开始就把导师的想法强加给他们。或者只做大方向的点拨，具体细节鼓励研究生独立思考，这样就能避免导师的惯性思维影响到研究生，进而降低其原创的可能性。否则，有可能论文出了一堆，但其实都是鸡肋。

然而，需要注意的是，像外行一样思考没问题，但要形成让圈内人士认可的成果，还需要专家级的实操，否则想法走不出实验室，也无法形成真正意义上的科研成果。

比如我们实验室曾经提出的步态集合方法。其创新的思路是：步态一般被视为视频序列，但实际上只抽取其中的几帧形成集合，也依赖步态的连续性，能推测出这几帧所处的位置。因此，只要将少数几帧的步态图像构成的集合通过深度神经网络进行训练，理论上就可以达到好的步态识别性能。这样的直觉，在以前的步态识别研究中是没人思考过的。

但是，直觉虽好，要验证其可行性，深度神经网络的设计才是关键。巢同学和何同学花了近三个月的时间，经历了无数的失败，在大家都以为他们应该放弃时，两位同学终于从失败中找到了可行的方案。实验结果表明，其识别性能在当时超越了其他同时期的步态识别算法。由于有着优异的性能和强的原创性，论文最终于 2021 年在模式识别高端期刊 *IEEE TPAMI* 上发表。该论文一度成为步态识别领域的标杆性成果，得到了广泛的引用。

试想如果只是像外行一样，想想似乎可行，但不去实操，不把各种细节尽善尽美地探索干净，哪来后面的步态集合算法。这就是专家级实操的结果。

类似的例子，我相信在各行各业、不同学科的研究方向里都存在。

所以，要做创新性高的研究，一定不能沉溺于自己舒适的研究方向、研究思路里，有的时候学着像外行般思考，说不定能小力出奇迹。但要让创新落地，还是需要严密逻辑的专家式思维。另外，从研究团队的角度来看，虽然方向上可以允许自由探索，但也应该保持队形，做到形散而神不散。

12. 保持队形：形散而神不散

我记得读高中的时候，在语文课里，提到写散文时，印象颇深的是，老师会强调，千万要记得形散而神不散。意思是取材可以自由，表达方式也可以不拘一格，但中心思想一定要集中、明确。不过那会人还没怎么开窍，也不是特别明白散文要怎么形散才会更好，只能意会个大概。

（1）形散：科研方向的自由选择

一晃到了读博士的入学典礼，已经是 2000 年。依稀记得当时的所长谭铁牛老师在台上说，你们来读博士的地方是中国科学院自动化研究所，这可是我们国家最好的研究部门之一，你们就是科研国家队的一员，要努力做好科研。

我的博士导师是王珏老师。第一次见面时，他穿着件泛黄的棉袄，抽着烟，让我差点以为他不是做科研的。不过，后来才慢慢知道，在所里他可是扫地僧般的存在。

最初给我设定的科研方向，是他主要研究的一块——粗糙集。不精确地概括一下，就是希望从具有离散属性的海量数据中，通过约简，获得更有效的知识表达或发现，比如发现"企鹅是鸟，但却不会飞"的有趣事实。

研究了一阵后，我发现，这个方向在当时只能处理离散属性的问题，比如7种颜色是离散属性，中年、老年、青年这样定义后也是离散属性。如果是连续值的变量，比如股票数据。它就无法直接处理，需要先通过类似于聚类的方法离散后才可以，但离散出来的值也不能太多，否则后面的约简很难做，不容易筛选出有意义的规则。

在继续阅读文献的过程中，我偶然在同年的《科学》上看到了一篇讲感知流形的文章，与认知心理学中的经典原型不太一样的是，感知流形认为人对事件、目标的认识在大脑中可能不是一个点，而是一条曲线或超曲面，即流形。这让我兴奋不已，因为它与人工智能的终极目标更为接近，也有着我更为喜欢的数学表达形式，即连续而非离散。

我把这个新的研究方向告诉了王老师，也跟他表达了希望沿这个方向去做研究的意向和可行性。王老师听了后，也没有反对，让我继续跟踪这个方向。

20多年过去了，流形学习这个方向也算是经历了一波热潮，现在仍是人工智能的一条非主线分支方向。即使是当下最热门的深度学习，不时还是会有论文将流形当成数据所依赖的假设空间，来构造损失函数，以实现目标任务的最优化。

我现在指导学生，也不会一味地强求学生跟进我们实验室的主流方向。如果他能有理有据地表达出其他研究动机和强烈的研究兴趣，尝试新方向也未尝不可。毕竟，我们招学生，一方面是需要那些能在实验室已有研究基础上进一步发扬光大的学生，另一方面，也是更重要的，是希望招进来有独特创新能力和视角的学生。这类学生，可能能够形成更具影响力的研究成果，也能帮助实验室拓展整体研究方向。但是，对他们的培养，过多干预有可能会适得其反，影响其创新能力的发挥。

那老师该教什么呢？其实不用教，言传身教，老师要做的是影响学生。老师怎么样做，学生都会看到，并记在心上。

（2）持续的科研兴趣

王老师在生活方面不是特别讲究，办公室里比较多的是书和矿泉水。平时衣着很随意，但他在科研方面的热情非常高。要是跟他聊起研究，那话匣子就关不住了。

我读博士期间，和王老师讨论的机会要么是每周必有的讨论班，要么就是办公室里的闲聊。讨论班开起来，有的时候没有导师和学生之分。真的会为一个问题的对与错，争论起来。当然，争论还是更多发生在学生之间。

王老师也不排斥这种争论，毕竟真理不辩不明。有问题，在讨论班里消化掉，远比其他时间单独探讨来得快，效果好得多。

除了讨论班，研究上有了困惑，我也会去办公室问问他的意见。即使毕业了，如果去北京开会，那十有八九我会回实验室，随便找个空位坐下。每年机器学习的相关会议，我也必定会参加，顺便向他汇报一下最近做的工作和成果，听听他的建议。

始终记得的、最深刻的一句教诲是："只要感觉自己还做得动科研，就少去掺和其他杂事。"

2014年8月，我申请去美国宾夕法尼亚州立大学访问，临行前专门去北京看他。他跟我说了说他使用靶向药物治疗肺部疾病的效果，随即就把话题转到深度学习上了。我知道，他和几位机器学习专业委员会的朋友之前在北京组织过好几次关于深度学习的小型讨论会，在一起分析深度学习性能优异的原因，初步的推测是学习到的深度表征起了关键作用。

虽然老师的身躯已经消瘦了许多，但谈起研究，感觉精神一下好了很多，似乎他呼吸困难的问题瞬间消失了。

▶ 图3.12-1　导师王珏，摄于2012年10月20日

（3）神不散：科研学术树

2017年11月，自动化所里的娄老师驱车50千米带陶卿、韩素青和我一行去看望导师。陶卿是我读博士时，王老师招的博士后，当年在机器学习领域做得风生水起，针对支持向量机和相关的统计学习问题发表了不少高质量论文。韩素青则是王老师的博士生，比我晚几年进所，跟着王老师一起研究粗糙集，数学基础扎实，后来还和王飞跃老师一起翻译出版了《概率图模型》一书。

想想上一回见他，还是2014年8月出国前一周，他还在和我探讨机器学习的发展，提醒我关注深度学习。再见面时，却已是天各一方了。

导师为人低调，家世几乎没听他提起过，偶尔听人说起，但语焉不详，也不确信，后来才知道是正儿八经地出身于书香门第。我想，家风如此，言传身教之下，王老师在科研上的执着和痴迷也就再自然不过了。

虽然王老师已经走了多年，但他的学术精神至今还影响着他指导过的学生，包括我。而他留下来的学术树也已经在国内乃至世界开花结果。

比如他和戴汝为老师共同指导的博士生苗夺谦，先后在山西大学、同济大学任教（现任教授），在粗糙集方面已经是硕果累累，学生上百且遍布了全国诸多科研院校。博士生张文生也已经在中国科学院自动化所撑起了一个小有规模的实验室（现任研究员），每年他所指导的研究小组都有不少高质量论文发表。博士生李伏欣目前在美国俄勒冈州立大学任副教授。我在复旦，也慢慢带出了一些优秀的学生，至今有3位学生回校任青年研究员或研究员，也有在国外任教职的。比我低一届的博士生齐红威创建了数据堂公司，为国内人工智能研究提供着数据的支持。

▶ **图3.12-2　师兄弟，由左到右：张文生、陶卿、张军平**

虽然大家从事的研究方向并不见得相同，看起来有些形散，但科研精神始终还是凝聚着，没有神散，还在以金字塔结构的形象扩散着、有组织地持续发挥着它的力量。

其实对大多数导师来说，大家有一个目的是相同的，就是通过这种保持队形的"形散而神不散"的方式，来建成科研学术树。

参考文献

Seung H S, Lee D D. The manifold way of perception[J]. Science, 2000, 290 (5500): 2268-2269.

13. 远大目标：僧面佛面学术树

神话故事中，孙悟空碰到观世音后，对观世音的建议都认真考虑和吸纳了，所以观世音出面向他求情饶过的妖怪一个也没杀。

为什么孙悟空会不看僧面看佛面呢？这是观世音长期积累的信誉，以及强大的影响力导致的。

科研界其实也一样。很多非科研界的人或准备读研的学生，容易有一个误区，以为导师们总希望尽可能多地从学生那里拿走他们的贡献和成果，但却不愿意花时间好好培养。事实上恰恰相反，多数导师们还是希望能把自己的信誉做起来，形成持久的学术影响力。而这种影响力不仅有导师个人的力量，还有指导过的学生毕业后与导师共同进步形成的广泛影响力。

要做到这些，建成学术树是必要的一环。这也是导师在指导学生过程中，最耗时间的一步。它不是以单个学生从进门到毕业来计算或衡量的，而是涵盖了导师的整个学术生涯。更为常见的是，毕业的学生在成为老师后，也会再生出枝叶。而较为罕见的，则有可能需要好几代科研工作者的传承与维系。依赖于培养学生的周期和数量，学术树的建成短则五到十年，长则几十年，一棵枝繁叶茂的学术树方可建成。

以人工智能研究团队为例，美国有加利福尼亚大学伯克利分校模糊集之父卢特菲·扎德（Lotfi A. Zadeh）、迈克尔·乔丹（Michael Jordan）教授的学术树，英国有牛津大学教授西塞曼（A. Zisserman）的学术树，他们在人工智能领域培养了大量的优秀学者。还值得一提的是美国伊利诺伊大学厄巴纳–香槟分校黄煦涛教授，他为我国计算机视觉领域培养了大批中坚力量。

另外，比较有意思的是，2024年诺贝尔物理学奖得主、深度学习之父杰弗里·辛顿（Geoffrey Hinton）的学术树。他曾与他的博士后杨立昆一起获得2018年的图灵奖，这是计算机领域的"诺贝尔奖"。同时获此奖的约书亚·本吉奥（Yoshua Bengio）则是乔丹的得意门生。而辛顿的学生亚历克斯·克里切夫斯基（Alex Krizhevsky）以第一作者身份与他2014年一起完成的AlexNet，则成为了人工智能从经典统计学习转向深度学习的关键节点。同一篇文章里的第二作者，也是辛顿的博士伊尔亚·苏茨克维（Ilya Sutskever），后来跳槽至OpenAI公司任研究总监。在2022年底至2023年上半年，OpenAI通过聊天生成式预训练模型ChatGPT，掀起人工智能又一波热潮。而伊尔亚在其中，也起到了关键作用。

不仅如此，辛顿的家庭学术树也颇有传奇色彩。他的姑姑寒春，参与了美国曼哈顿原子弹计划的研究。她是第一位获得中国"绿卡"（即中华人民共和国外国人永久居留身份证）的外国友人。不过，她来中国后，并没有再次涉足原子弹的研制，而是转到奶牛的养殖。而辛顿的祖辈中，还有一位作家伏尼契。她是国人非常熟悉的小说《牛虻》的作者。另外，作为电子工程和计算机科学基础的布尔代数发明者，英国数学家和逻辑学家乔治·布尔（George Boole，1815—1864年），和辛顿也关系密切。辛顿是布尔的女儿的孙子，即曾外孙。伏尼契是布尔的第五个女儿。

在我国，这样的学术树也屡见不鲜。如复旦大学数学系创立者苏步青院士，他主要研究微分几何和计算几何。在其数学生涯中，前前后后培养了100多名学生，其中8位中国科学院院士，包括李大潜、谷超豪等。而在国内人工智能界，也有相当多可圈可点的学术树。为避免枚举，这里只列几例，如中国科学院数学所陆汝钤院士团队、西安交通大学郑南宁院士团队、西安电子科技大学焦李成教授团队、湖南大学王耀南院士团队、南京大学周志华教授团队等。

学术树，在管理形式上也是多样化的。有些团队会建成金字塔结构，导师站在顶层，小导师其次，然后是博士生和硕士生。也有平行式管理的团队。导师与小导师在研究生的指导上权重相同。还有散养式的团队。导师与小导师分布在学校的不同院系，甚至不同学校间，通过合作关系来维持团队的长期发展。从某种意义来看，学术树也可以算作是我国倡导的、"有组织科研"的群体表现形式之一。

所以，学生来读研或读博，千万不要以为老师只是想利用自己。老师的终极目标大多是奔着建学术树去培养的。如果足够优秀，导师更是会倾尽全力，想方设法帮助学生成才。因为只有这样，培养的才不仅仅是一名名学生，而是一棵棵能继续长出枝叶的学术树。这才是十年树木、百年树人的真正意义。

不过，在研究方向选择上，如果真碰到死胡同，老师和学生都要学会及时止损，换赛道，保持学术树能正常地生根发芽、开花结果。

14. 学会放弃：智斗小强

我读博士的时候，住在中国科学院的博士楼，在那我第一次认识了北方蟑螂，小小的个子，爬得飞快，不像胖胖的南方蟑螂，南方的还能飞。

不过北方蟑螂也不怎么扰民，主人在时，从不主动出击，而是蜗居在床垫下。但如果突然掀起床垫，便能看到一群小蟑螂四散逃开来。

后来，研究生院对所有楼层做了一次灭蟑行动。那天回来时，看到楼道口堆着一个小球，走近了仔细一看，原来是被灭杀的蟑螂，目测好几斤。然而，只能灭到能灭掉的，幸存下来的依然我行我素。还好，没多久，我就去南方、地处上海的复旦大学工作了，从此与蟑螂绝缘。只是有一次，在学校旁边的餐饮吃扬州炒饭，直到快吃完时，我才发现炒饭里面有半只碎掉的蟑螂。想到另外半只，我突然有种如鲠在喉的感觉。

转眼20年过去了，长久未见的北方蟑螂最近又出现在我租住的房子里。它如何过来的，我一头雾水，也许是走的顺丰，不小心跟着快递一起搬迁过来的。但自从看到以后，就只能与其展开彻底的斗争，不然家里很难安宁。小朋友怕蟑螂、给小狗放在智能食盆里的狗粮也不安全，炒菜的时候突然看到灶台上有几只蟑螂在跑步也让人分心。

一开始想到的解决方案，是利用强力粘粘板。买回十几块，将其分别放置在房间的各个角落里，粘粘板的中间再加一堆迷你的诱食丸。还不错，第二天早晨起来，发现粘住了不少。橱柜角落、冰箱边、钢琴侧、马桶后面都抓到了。有些粘粘板上好几个。感觉颇有成就感，似乎胜利在望。

可是，没隔几天，发现依然有蟑螂出没。我猜可能是见到粘粘板上有蟑螂，其他蟑螂意识到危险，就不来了。于是，换上新的粘粘板，撒上更为厉害的药粉。看说明书，这药粉不仅能诱蟑螂，还能快速杀死蟑螂。连续几天，零零散散又粘了些。还看到有个板上粘着明显是蟑螂逃跑时丢下的长圆形壳，我估计这个是虫卵，但不知道会有啥结果。直到三四天后，我看到非常多极小的白色小爬虫从壳里出来，我才意识并领教到蟑螂极强的繁殖力。

看来光靠粘粘板这种固定在可见位置的手法，是无法清除干净的。从网上我查到有一种针剂效果更好，便又花重金买了一针进口的。真的算是重金，总共5克，开销55元。第一次用时，没仔细看说明书，以为像橡皮泥一样，应该尽可能放大的一坨在角落。后来才知道，这针剂应该尽可能小地放在各处，一个小圆点的剂量即可，但要同时保证足够多的点位有针剂覆盖。

不仅如此，我对橱柜、吊柜都进行了主动的搜查，也清除掉了大量可见目标。

三管齐下，主动出击、针剂灭杀、粘粘板挖坑，很神奇，有一周时间，蟑螂好像完全消失了。我也骄傲地向家人宣布，我们的灭蟑行动接近尾声了。

直到有一天，我在餐桌上发现了一只蟑螂。我仔细检查了餐桌，有点奇怪明明已经没有了上桌的路径，怎么还会有蟑螂呢？忽然，我感觉桌上一元钱买的打火机里面有动静。凑近一看，居然发现蟑螂躲在里面。这真是大大超出了我的想象力。那么小的打火机，最后居然发现了10只蟑螂。

不仅如此，两天后，我在小狗的智能食盆上又发现一只在爬的蟑螂。刚想抓，它却快速沿着食盆底部一圈的空隙爬了进去。俗话说，发现一只，就有可能有一群。

可是怎么把蟑螂从这缝隙里弄出来呢？最简单就是拆开。不过，我很快发现了一个更简单的办法，就是两手握住食盆上下甩，利用惯性原理和主动加速把蟑螂甩出来。一分钟下来，原本已经见不到蟑螂的房间里，多了近80只蟑螂。还好每次甩下来的不多，但仍然引发了我的密集恐惧症。

通过这轮较量，我彻底领教了蟑螂的求生能力。只要有带缝隙的地方，比如墙脚，它就能找到继续生存下去。

就这么僵持了一个月，终于，我成功地再也见不到蟑螂了。因为，我搬家了，一如我博士毕业时的情形。

做研究其实也是一样，我们的初心通常是碰到难题，要迎难而上。但科研是有风险的，总有些研究方向走进去就是死胡同，是找不到解决方案的，或者能找到的解决方案没有太大的价值或意义。在这种情况下，光靠努力、刻苦也难以成事。就像对付蟑螂一样，与其继续死拼、硬碰硬，不如换赛道。

还有的时候，是选择的方向完全不在自己能力范围以内。比如物理学家杨振宁，据说最初选择的是实验物理，结果发现自己在这方面的能力比较弱，便转到理论物理上，反而找到了更适合自己能力发挥的场地，闯出一片天。

当然，也有导师选择的问题。如果导师做的研究方向是自己完全不熟悉、需要花特别长的时间才有可能掌握的，如果导师与自己在性格、兴趣或其他方向上存在很难调和的矛盾时，也不妨考虑换导师。对导师来说，也是同理。双方不合适就可以考虑更换。

不管怎样，在缺乏继续研究的必要或配合不好时，学会放弃、学会及时放弃，未尝不是一个好的方式，说不定放弃之后就"柳暗花明又一村"了。

15. 注意事项：科研伦理、隐私与数据安全

创新归创新，然而如果创新有违伦理或方向性不正确，也务必谨慎甚至不要选择此方向进行研究。

比如基因编辑（Gene Editing），也称为基因组编辑（Genome Editing）或基因组工程，其主要目的是修饰生物体基因组里的特定目标基因。由于可以高效地定点编辑基因，在基因治疗与遗传改良方面都有潜在的应用价值。但如果将该技术直接用于生物个体，就极易产生诸如是否有必要、是否跨越被容许的道德边界等伦理问题，尤其是考虑到基因编辑后的特征是可以被遗传到下一代的。

因此，涉及这类伦理问题的研究，切记要淡泊名利，不能为了追求所谓"创新性高"的科研，为了抢发科研成果而不顾科学人员的基本道德，也不能把巨大的风险留给参与研究的被测者。事实上，如果违背伦理，即使有了科研成果，甚至发表在高端刊物或会议上，也极可能被撤稿，名誉扫地。

另外，隐私也是在科研中需要引起关注的。如医疗数据里的很多信息涉及个人的隐私，不能随便公开；如果要将其用于科研，必须获得患者的许可；还需要严格遵守数据许可使用的范围，只能用于学术研究的就不能随便商用。类似的还有银行数据、电信数据等，需要用于学术研究时都应该先做消除隐私信息的处理。而人工智能领域，在隐私保护方面最为明显的变化是，对人脸数据集的使用近年来越来越

严格，部分期刊甚至会高概率拒绝发表此类可能泄露隐私的论文，也有些期刊或会议要求作者在投稿中不能将疑似泄露个人身份的照片放在论文中。

而数据的安全也要引起研究生们的注意。

2021年6月，我国出台了《中华人民共和国数据安全法》，并于9月1日起施行。该法律制定的目的是要保障数据安全，保护个人、组织的合法权益，维护国家主权、安全和发展利益。

所以，如果在科研过程中，将涉及国家安全的数据当成公用数据集发布到网上，那么追究上传者的刑事责任是必然的。然而，有的时候，我们可能根本没有意识到自己在泄露数据，比如通过平台在国外的大模型中聊天，用户可能以为只是简单的聊天，殊不知模型在聊天的同时，也会通过基于人类反馈的强化学习技术，来收集数据帮助其训练模型。类似地，某些上传到云平台的数据，也有被云平台维护公司拿来训练其大模型的潜在风险。

这些数据如果涉及公司的秘密，那有可能会被不法分子利用。如果涉及国家安全，那危害性不言而喻。

最后，科研创新上也要学会避免走向伪科学，否则很可能会一事无成，还被圈内人耻笑。要区分科学与伪科学，通常可以按波普对科学的定义来判断：一是可重复性、可证伪；二是不可能包打天下，模型一定会有黑天鹅的出现，因为科学一直会不断地自我修正和发展；三是开明，允许公开交流与合作。如果觉得只有自己的工作最牛，既不肯虚心听取其他科研人员的建议，又不肯做实验验证和比较，那离伪科学就不远了。

　　总之，在科研道路上，创新是研究生需要努力才能实现的，但也一定要顾及科研里的伦理、隐私保护、安全性，避免走向伪科学。

16. 风险：科研道路千万条，安全规范第一条

　　我读研究生之前，当过检修员，任务之一是和其他同事们一起，检查公司当时正在建设的5万立方米天然气储气柜的密封情况。我曾经目睹过一次重大安全事故，事后工地上的人都心有余悸。事后分析原因，是因为施工单位的工作人员没有严格按安全规范来进行相关操作，引起的一次非常低级的致命错误。但这个错误不像游戏，因为生命只有一次，没有反悔的机会。

　　研究生进了象牙塔，似乎就能心无旁骛地专心科研工作，不需考虑太多的杂事。然而，如果没有安全规范意识，很有可能酿成大错。但是，不少专业可能很少对研究生进行相关的安全规范培训，或者即使告知了，大家也不以为意，以至于风险或隐患始终存在。

　　实验室使用的设备有可能存在隐患，需要注意。比如研究人工智能的，台式机、服务器开机一周不停机是常事，因为深度学习模型需要用大数据长时间地进行训练，寻找最优参数。然而，服务器里的配件如显卡的温度往往偏高。其温度一般靠自带的风扇来降低。但连续运行时间长了以后，风扇有可能提前报废，其风险一来有可能导致价格不菲的显卡烧毁报废，二来是存在火灾隐患。如果将计算机放在实

验室，与学生的机位在一起，就有可能出问题。我们学院目前的做法是将各实验室的服务器放在安全规格极高的机房里统一管理，由专门的监控系统、灭火系统来保护。但如果没有做这样的规划，在计算机使用上就需要特别注意，尤其是计算机使用时间已经到一定年限以后。

而对于其他专业，也有这样那样的潜在风险，需要有良好的安全意识。比如化学相关的专业，则更应小心，哪怕是面粉，都有在空气中浓度过高时发生粉尘爆炸的危险。具体来说，当面粉里的粉尘悬浮在空中，如每立方米空气中含有9.7克以上的面粉时，一旦有明火或温度达到一定高度时，很快就会燃烧，并产生强烈爆炸。不仅如此，爆炸后会将其他区域的沉积粉尘扬起，形成粉尘云，引发多次爆炸，其释放的能量和破坏性极大。所以，在处理和存放可燃粉尘时，一定要保持环境通风、防止粉尘沉积，与粉尘相关的实验也应在专门的防护罩内进行。

另外，各种试剂的管理也务必严格按规范去处理，尤其是对个人健康有潜在威胁的，更加应该注意。处理废料也应保证不泄漏，防止污染环境或危及他人的生命。不要随意乱放，也不能用一些容易看错的容器来装，比如拿矿泉水瓶装危险试剂。做各类实验前，应该穿戴好相应的防护用具，如防护手套、衣服、眼镜、鞋子等。比如，在进行电焊时，一定要戴好防护眼镜，避免视网膜被电焊时产生的高强度光线灼伤。

除此以外，个人在使用电器时，千万不能将没有自动断电能力的设备带入实验室，如热得快或烧水壶，因为科研工作忙起来，忘记正在烧水而导致水壶干烧的风险一直存在。我家没有热得快，但用烧水壶接水时，我总有忘记在接水导致水溢出的时候。

交通安全也是学生们需要引起注意的，虽然大部分时候是在校内，没有校园外那么复杂的交通环境，但仍然要注意。毕竟有部电影里说得好："道路千万条，安全第一条，行车不规范，亲人两行泪。"在校内骑电动车时，记得要戴头盔，雨天车速不能快。在校外路口等信号灯时，一定要远离大型货车，因为这类货车的视觉盲区远比其他车辆大，带来的风险也大。

总之，不同专业不同研究方向的学生，在学习生活科研期间，都要注意学习安全规范，既要做好自己的第一负责人，也要学会监督同学甚至导师的安全规范。只有这样，才能保证实验室的安全、良性发展，也能为科研的创新提供安全健康的环境。

作者后记

2024年4月2日，是值得我纪念的日子，因为我的第7本书《高质量读研2：如何高效学习，成为科研"六边形战士"》正式完稿了。它是对《高质量读研：教你如何写论文、做科研》未涉及内容的一个补充，但也可以看成是《高质量读研：教你如何写论文、做科研》的进阶版。

《高质量读研：教你如何写论文、做科研》从开始动笔写，到最终的出版，前前后后花了2年8个月的时间。《高质量读研2：如何高效学习，成为科研"六边形战士"》相对花的时间少一些，但费的脑力也不少。

费时自不必说，费力是因为我写书，喜欢按"一区论文"的标准来要求。这不仅仅意味着格式、图表什么的要合乎规范，更重要的是，需要让书体现不同但有意义的视角，或者说，创新。可是，书的创新方向不是那么好找的，尤其是这两本都是关于研究生如何学习的书，相似主题的竞品书并不少。

我自己也读过一些相关的书，个人感觉这些书有一个比较一致的定位，即比较强调客观性，以写成教科书为目的。这样的写法，很全面，但可能也会不生动。毕竟对学生来说，当成教材来看的书，很多时候是被动读的。所以，我认为这本书的写法可以更为主观一些，让其通过生动的、生活化的例子来打动读者。

另外，多数讲读研的书，会把重心甚至全书的内容都放在论文写作上。而通过近20年指导研究生的经历，我深切体会了研究生读研期间的方方面面，也有他们毕业以后的再成长给我带来的反思。

我觉得读研更应该是全方位的能力培养。通过读研，研究生们不仅能在读研期间获得诸多科研相关的能力提升，也能将这一能力触类旁通，在毕业后的工作或科研上继续发挥这一习得的能力。所以，我希望能更全面地将读研中需要掌握的能力展现给读者。

如何生动呢？以我写《爱犯错的智能体》的粗浅经验来看，不是那么好办到的。在两本读研书里，我都借鉴了很多名人的轶事，加上个人的经验体会和真实事例。同时，也在适当的位置增加了些许的幽默感。以便让这两本读研书在风格上，尽可能像小说、像散文，而非教科书。文笔上，也可能偶尔会添些"理工男"自以为的华丽。

而每一篇的落笔，也不是为了完成任务而潦草写的。我的习惯是有灵感才写，没有就先搁置着。在写《爱犯错的智能体》时是如此，写《人工智能极简史》时也是如此，写《高质量读研：教你如何写论文、做科研》和《高质量读研2：如何高效学习，成为科研"六边形战士"》时都是如此。实在找不到，我就出门跑跑步，边跑边想，希望尽量做到落笔就能有神。

通过这些办法，我期望愿意读这两本书的读者会多一些。幸运的是，《高质量读研：教你如何写论文、做科研》受到了广大读者的充分肯定。自2022年7月出版，已经重印十余次，几乎每月重印一次。我也希望通过我对写书的严格要求，能让《高质量读研2：如何高效学习，成为科研"六边形战士"》给读者们带来新的收获。

另外，再说说这两本书可能的读者群。首先，研究生和即将读研的本科生自然是主要的群体。这么说的原因，一方面是因为学生自己可能并没有认识到读研期间，究竟有哪些是需要学习的；另一方面，我认为它也许有着"易子而教"的作用。作为一名导师，我观察到，自己的研究生，很多时候可能不见得会领会或愿意听导师的苦口婆心；反而别的导师说的，有可能会听听。所以，这是这两本书的另一种读法。

其次，是导师。我的指导经验，正如我在书中强调的，是一种平衡策略，在指导学习、自己做研究、家庭等选择的平衡，但并不一定适合所有导师。但是，导师们也许可以从我的经验中，取长补短，找到更适合自己的、指导研究生的方式。

再次，是家长。这是一个相对"奇怪"的读者群。因为理论上来说，到了研究生阶段，学生都是成年人了，家长们不用操心了。但从目前的国内现状来看，家长仍然会担心自己的小孩成为研究生后的科研、学习和心理情况。所以，也许我的这两本书能让家长们稍稍释然一下，破除读研究生的神秘感，了解读本科和研究生之间的差异，从而更好地帮助自己的小孩成长。

最后，我要强调一点，这两本书并非点对点地将所有研究生期间需要做的事都告诉读者，而是需要读者自己去体会其中的道理。以我个人的经验，我认为，即使两本书的内容全看了，如果不事必躬亲，那也只能是纸上谈兵，不会带来实质性的进步。

除此以外，我要感谢陆汝钤老师、马臻老师在百忙之中抽时间为本书写序。他们从各自的角度分享了研究生如何做好研究的经验，这些经验都值得细读。

虽然我对本书进行过反复多次的检查，但仍然可能会存在一些疏漏。如读者发现，还请及时告知我或编辑。我们将在再次印刷时进行更正。

张军平

2024年4月2日